너무 진화한 공룡 도감

YARISUGI KYORYUZUKAN NANDE KOKOMADE SHINKASHITA!?
Copyright © 2018 by Yoshitsugu Kobayashi, Satoshi Kawasaki
All rights reserved
Original Japanese edition published by Takarajimasha, Inc.
Korean translation rights arranged with Takarajimasha, Inc.
through Eric Yang Agency Co., Seoul.
Korean translation rights © 2020 BY SARAMIN PUBLISHING COMPANY

이 책의 한국어판 저작권은 EYA (Eric Yang Agency)를 통한
Takarajimasha사와의 독점계약으로 '사람in'이 소유합니다.
저작권법에 의하여 한국 내에서 보호를 받는 저작물이므로
무단전재 및 복제를 금합니다.

왜 이렇게 진화한 거지?!

너무 진화한 공룡도감

감수 고바야시 요시쓰구 | 번역 고나현

사람in

시작하며

'너무 진화한 공룡 도감'으로 초대합니다

독자 여러분. 공룡시대가 얼마나 이어졌는지 아시나요? 생각해 봅시다….
"1억 년??"
아까워라! 답은 약 1억 6천 년입니다. 그럼 인류는?
"700만 년."
맞습니다! 가장 인류에 가까운 영장류(원숭이의 동료)가 나타난 게 700만 년 전이라고 합니다. 그리고 두 발로 걷는 인류가 나타난 게 약 200만 년 전이에요.
공룡은 인류보다 약 23배나 더 오래 존재했던 셈이죠. 두 발로 걷는 인류보다는 약 80배 더 오래 존재했습니다.
기간으로 따지면 영장류나 인류보다 약 1억 5천만 년 이상 더 오래 지구상에 있었어요. 그게 무슨 뜻일까요…….
그건 그만큼 진화를 했단 뜻이에요. 나무 위에서 생활하던 인류도 두 발로 걷고 몸의 털이 줄어들고 말을 하게 되고 뇌가 커지면서 다양한 문명을 만들었죠. 약 200만 년 동안요.
공룡은 그보다 80배나 더 오래 살았으니 진화할 시간이 1억 6천만 년 넘게 있었던 거예요. 그래서 많은 종류의 공룡들이 진화했답니다. 슈퍼 사우루스처럼 30m나 되는 거구의 공룡도 있었고, 트리케라톱스처럼 뿔이 유달리 발달한 공룡도 있었어요. 우리는 이가 32개인데, 이빨이 2,000개나 있던 에드몬토사우루스도 있었고, 턱이 발달해 뼈까지 부술 수 있는 티라노사우루스처럼 정말 다양한 형태로 진화했어요. 그렇기 때문에 공룡은 볼수록 알게 될수록 흥미롭답니다.

이 책에서는 왜 이렇게 진화한 거지? '너무' 달라졌잖아! 와, 이런 특징이 있구나! 그래, 이렇게 생겼었구나! 이런 생각이 드는 약 1억 6천만 년을 산 놀라운 공룡들을 소개할 거예요.

이 책은 많은 공룡을 그려온 가와사키 사토시 선생님이 그림을 그리고, 대학교 부교수이자 공룡 연구가인 고바야시 요시쓰구 선생님이 공룡을 고르고 내용을 확인해 주셨답니다. 함께 놀라운 공룡의 세계로 떠나 봐요!

'너무 진화한 공룡 도감' 편집부 일동

목차

시작하며 …4
공룡이 뭐지?/공룡이 살던 시대/공룡의 종류 …10

제1장 조반류

검룡류
스테고사우루스 큼직한 오각형 골판을 가진 …16
우에르호사우루스 등의 판이 직사각형! …18
미라가이아 검룡류 중에서도 가장 목이 긴 여신? …20

곡룡류
안킬로사우루스 뼈로 덮인 커다란 전차 같은 …22
유오플로케팔루스 곡룡류 중에서도 최고의 꼬리를 가진 …24
피나코사우루스 중형의 안킬로사우루스과 …26
에드몬토니아 뼈를 이용해 직접 몸을 보호했다?! …28

후두류
파키케팔로사우루스 두꺼운 머리를 가진 도마뱀 …30
드라코렉스 파키케팔로사우루스의 아이? …32
호말로케팔레 정수리는 평평한! …34

원시 각룡류

- 프시타코사우루스 앵무새 도마뱀이라고 불리는 …36
- 프로토케라톱스 각룡인데 뿔이 없는 …38
- 코리아케라톱스 지느러미 같은 꼬리를 가진 …40

각룡류

- 센트로사우루스 프릴 중앙에 달린 휘어진 돌기 …42
- 디아블로케라톱스 프릴 위로 튀어나온 뿔을 가진 …44
- 에이니오사우루스 휘어진 뿔이 매우 개성적인 …46
- 파키리노사우루스 코 위에 뿔 대신 혹이 있는 …48
- 스티라코사우루스 요란한 프릴 장식을 지닌 …50
- 트리케라톱스 2대 인기 공룡 중 하나 …52
- 카스모사우루스 큼직하고 멋진 프릴을 가진 …54

조각류

- 이구아노돈 이구아나의 이빨과 비슷해서 …56
- 무타부라사우루스 생김새는 이구아노돈을 쏙 닮은 …58
- 오우라노사우루스 등에 달린 돛 같은 돌기 …60
- 알티리누스 높게 솟아오른 콧등을 가진 …62
- 후쿠이사우루스 일본에서 처음으로 학명이 붙은 초식 공룡 …64
- 사우롤로푸스 머리의 볏도 특징적인 …66
- 에드몬토사우루스 티라노사우루스의 표적이 되기도 한 …68
- 마이아사우라 내 자식은 내가! …70
- 코리토사우루스 반원형 볏이 특징인! …72
- 람베오사우루스 다양하게 진화하는 머리의 볏 …74
- 파라사우롤로푸스 볏으로 의사소통을?! …76
- 니폰노사우루스 러시아의 사할린에서 발견된! …78
- 올로로티탄 볏이 도끼 같은! …80

7

제2장 용반류

원시 용각형류
- 에오랍토르 공룡의 선조격 ···84
- 플라테오사우루스 삼첩기의 대형 초식 공룡 ···86
- 마소스폰딜루스 새끼의 크기가 고작 15cm였다?! ···88

원시 용각류
- 마멘치사우루스 아시아에서 가장 큰 공룡 ···90
- 슈노사우루스 촉(쓰촨성)에서 발견된 공룡 ···92

용각류
- 디플로도쿠스 채찍처럼 휘어지는 꼬리 ···94
- 니제르사우루스 기묘하게도 한 줄로 나란히 늘어선 이빨을 가진 ···96
- 아마르가사우루스 지느러미처럼 생긴 날카로운 가시 ···98
- 디크라에오사우루스 짧은 목으로 살길을 찾았다?! ···100
- 슈퍼사우루스 33m의 거대공룡 ···102
- 에우로파사우루스 6.2m밖에 안 되는 용각류 ···104
- 아르젠티노사우루스 육상동물 중에서도 역사상 가장 큰 ···106
- 탐바티타니스 이웃나라에서 발견된 용각류 ···108
- 살타사우루스 덩치를 키우는 것만이 방어는 아니다 ···110

원시 수각류
- 에오드로마이우스 육식 공룡의 선조격 ···112
- 코엘로피시스 빠른 다리와 뾰족뾰족한 이빨을 가진 ···114
- 딜로포사우루스 몸은 가볍고 날렵했다! ···116

수각류

마시아카사우루스 앞니 끝은 굽어 있었다 …118
카르노타우루스 뿔은 있어도 강하진 않은! …120
스피노사우루스 가장 큰 육식 공룡 …122
수코미무스 강적은 슈퍼 악어 …124
마푸사우루스 백악기 후기에 살았던! …126
카르카로돈토사우루스 거대한 육식 공룡 …128
알로사우루스 쥐라기에서 가장 강한 육식 공룡 …130
아크로칸토사우루스 등에 지느러미를 가진 육식 공룡 …132
콘카베나토르 등의 혹은 무엇을 위한 것이었을까? …134
구안롱 머리에 볏 모양 돌기가 있었던 …136
알베르토사우루스 날씬한 티라노사우루스 …138
티라노사우루스 가장 강하고 가장 무서운 육식 공룡 …140
오르니토미무스 새처럼 생긴 가장 날쌘 공룡 …142
데이노케이루스 큼직한 손을 가진 수수께끼의 공룡?! …144
테리지노사우루스 큰 낫을 가진 공룡 …146
모노니쿠스 발톱이 곧 앞다리! …148
키티파티 히말라야의 수호신 …150
카우딥테릭스 앞다리에는 날개, 꼬리에는 화려한 장식이 있는 …152
기간토랍토르 거대한 오비랍토르과 …154
메이 몸을 말고 잠든 채로 화석이 된 …156
트로오돈 사물을 입체적으로 보는 눈을 가진 …158
데이노니쿠스 집단으로 대형 초식 공룡을 덮쳤다?! …160
아킬로바토르 짧은 깃털로 뒤덮인 몸 …162
벨로키랍토르 가벼운 몸을 이용해 사냥감을 쓰러뜨렸던 …164
미크로랍토르 80cm의 작은 공룡 …166

원시 조류?

안키오르니스 가장 먼저 색이 알려진 공룡 …168
시조새 공룡과 조류를 잇는 다리 …170

공룡의 멸종 …172

공룡이 뭐지?

공룡이 뭘까요? 공룡은 공룡시대의 파충류에서 진화한 거예요. 어떤 게 달라졌냐 하면 바로 다리죠.

파충류의 다리는 몸에서 옆으로 나 있어요. 하지만 공룡의 다리는 아래로 나 있죠. 그것 때문에 두 발로 서서 빠르게 이동할 수 있게 된 거고요.

또 커다란 몸을 지탱할 수 있게 되어 몸집이 점점 커졌습니다. 또 공룡은 전부 10m가 넘는 거구였을까요? 아니요, 그건 큰 착각이에요.

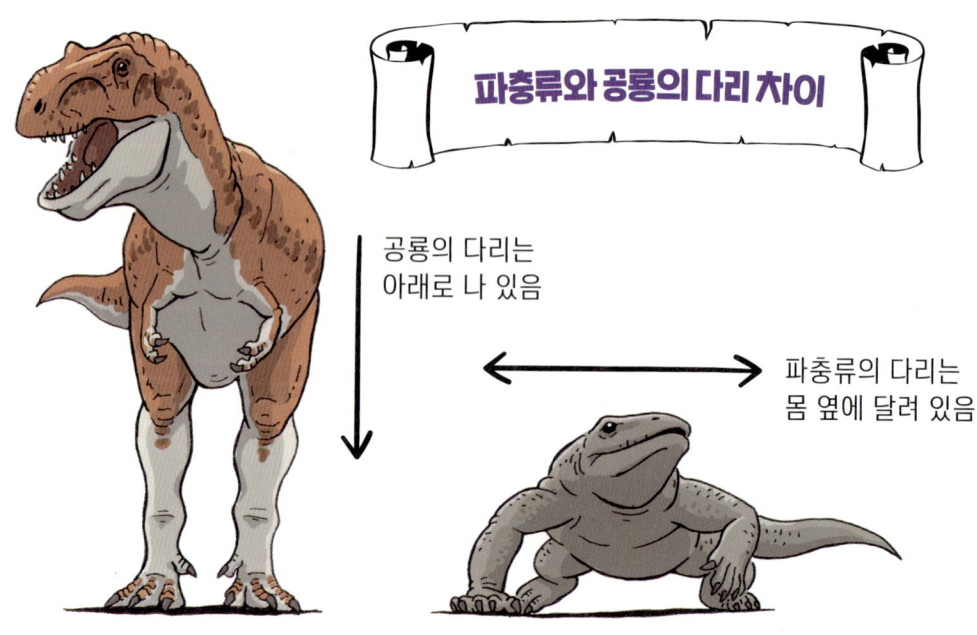

공룡 대부분은 사람만 하거나 그보다 조금 큰 정도예요. 공룡과 조류를 이어주는 역할을 하는 시조새의 전신은 50cm에 불과했어요. 하지만 소형 공룡은 눈에 크게 띄지 않고 뼈도 소멸되는 경우가 많아서, 대형 공룡만 주목을 받았죠.

하지만 공룡시대의 지구상에는 소형 공룡이 곳곳에서 살아 숨 쉬었답니다.

공룡이 살던 시대

공룡이 살던 시대는 지구의 중생대라고 합니다. 공룡시대의 끝부터 현재까지가 신생대고, 공룡시대 이전이 고생대예요. 공룡이 탄생한 건 그 중생대의 삼첩기죠. 지구상에서는 생물이 여러 번 멸망하고 위기를 맞았답니다. 그 최대의 위기가 공룡이 태어나기 전에 벌어진 페름기의 대멸종인데, 그때 지구상에 있던 생물 90%가 사라졌어요. 원인은 잘 알려지지 않았고요. 커다란 화산활동 때문일 것이다, 먹이사슬의 균형이 무너져서 그런 것이다 등의 설이 있습니다.

공룡은 그 페름기에 있었던 대멸종 이후 파충류에서부터 진화했어요. 그때의 지구는 삼첩기라고 불렸고 건조했어요. 그 때문에 건조함에 강한 파충류가 살아남고 번성했죠. 그리고 공룡이 탄생한 거예요. 또 이 시대의 지구는 대륙이동과 화산활동이 활발하게 이뤄지고 있어 산소농도가 낮았다고 합니다. 공룡의 호흡기관은 그 낮은 산소농도에서도 살 수 있는 구조로 되어 있었어요. 공룡시대가 시작된 거죠.

삼첩기 이후는 쥐라기입니다. 쥐라기 때는 지구의 열대 기후가 크게 안정되어 종자식물 등의 삼림이 확장되었고, 초식 공룡이 먹을 것이 많아 초식 공룡의 덩치가 점점 커졌답니다. 그에 따라 초식 공룡을 먹는 육식 공룡의 덩치도 커졌죠. 그리고 중생대 마지막 시대가 백악기입니다. 백악기는 지구 전체가 따뜻해져 꽃을 피우는 식물이 등장하고 공룡이 더욱 번성한 시대죠. 하지만 그 시대도 끝을 맺습니다. 그 이유는 이 책의 마지막 장에 적어놓을게요.

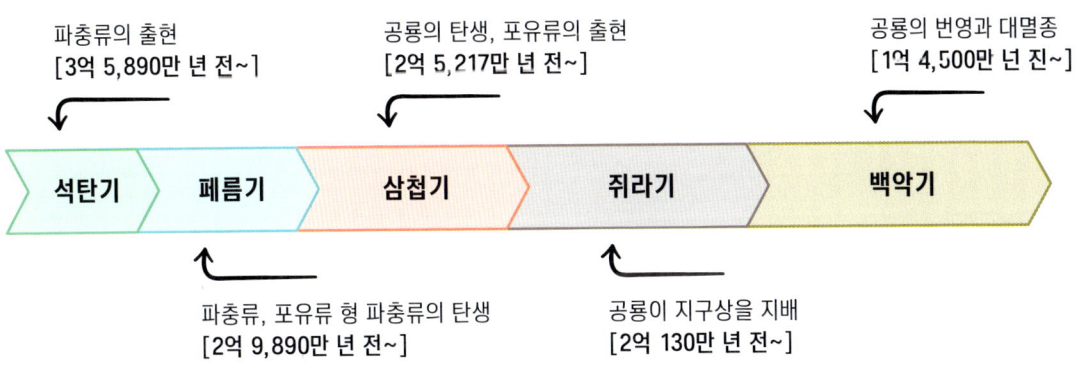

◆지질학적 연대표(파충류의 출현부터 공룡 멸종까지)

공룡의 종류

공룡은 크게 조반류와 용반류로 나뉩니다. 차이점은 골반의 모양이에요. 골반 내의 치골이 뒤로 향해 있는 것이 '새 같은 골반을 가진 공룡'이라는 뜻의 조반류입니다. 한편 용반류는 치골이 아래로 향해 있습니다. 용반류란 '도마뱀 같은 골반을 가진 공룡'이라는 뜻이에요.

다만 조류의 선조는 조반류가 아니랍니다. 조류가 공룡의 일종이었다고 하지만, 용반류의 공룡이 진화해 조류가 된 것으로 보고 있어요. 복잡하기는 하지만 새 같은 골반을 가졌지만 조반류는 새가 아니라는 뜻이죠.

공룡에는 식물을 먹고 사는 초식 공룡과 동물을 먹고 사는 육식 공룡이 있습니다. 조반류의 공룡은 모두 초식 공룡이에요. 용반류 중 일부가 육식 공룡이고요.

조반류는 진화하는 과정에서 장순아목과 주식두류, 조각류로 나뉘었습니다. 장순아목은 스테고사우루스처럼 등에 골판이 있는 검룡류와 안킬로사우루스처럼 딱딱한 뼈로 덮여 있는 곡룡류가 있었어요.

주식두류는 머리에 장식이 달린 초식 공룡인데, 머리가 단단한 뼈로 덮인 후두류와 트리케라톱스처럼 새 같은 부리와 뿔을 가진 각룡류가 있었습니다.

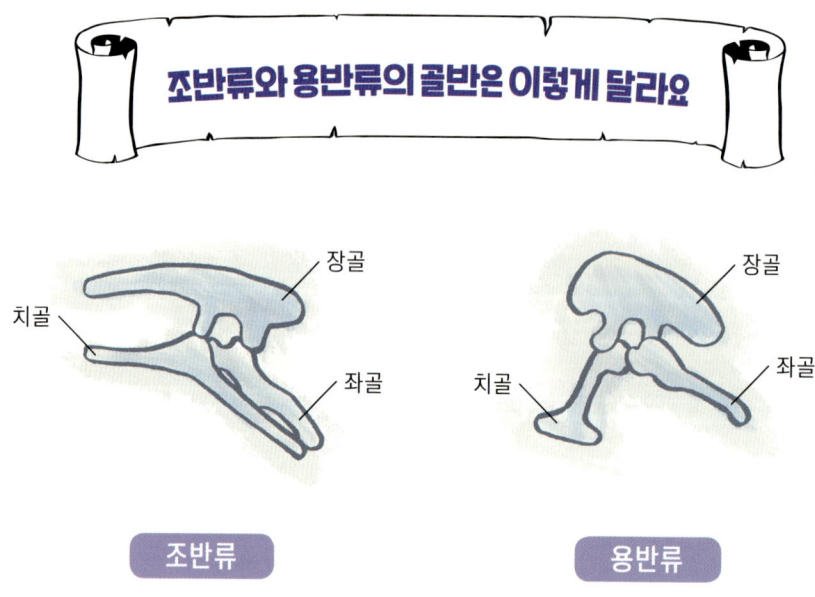

조각류는 그 이외에 두 발로 걷는 초식 공룡이에요. 하드로사우루스과처럼 부리가 있고 안에 있는 많은 이빨로 식물을 잘 먹는 채식주의 공룡이죠.
또 용반류는 용각형류와 수각류와 조류로 나뉩니다.
용각형류는 용반류 중에서도 초식 공룡을 가리켜요. 일부는 이족보행을 했지만 대다수는 사족보행이었고, 슈퍼사우루스가 이 용각형류의 동료랍니다.
수각류는 두 발로 걷고 대부분이 육식 공룡이에요. 대표적인 것이 티라노사우루스죠. 이 수각류 중에 날개를 가진 것이 조류로 진화했답니다.

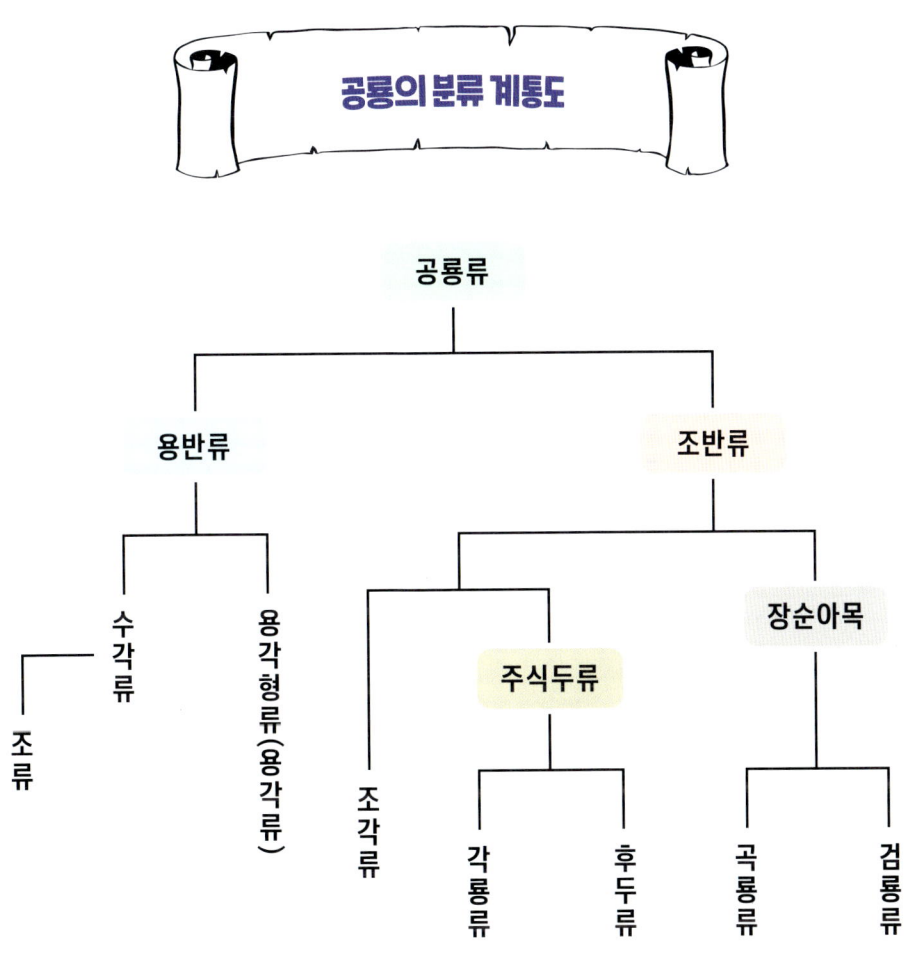

제1장
조반류

이번 장에서 만나 볼 공룡 친구들은
등에 여러 개의 판이 나 있는 스테고사우루스, 길고 날카로운 뿔과 프릴이 있는
트리케라톱스, 온몸이 딱딱한 뼈로 덮인 안킬로사우루스 등 여러 친구들과
육식 공룡의 먹이가 되지 않게 진화한 초식 공룡들,
새와 골반이 비슷하지만 실은 새의 선조가 아닌 조반류예요.
그중에서도 고르고 고른 친구들 33종을 소개할게요!

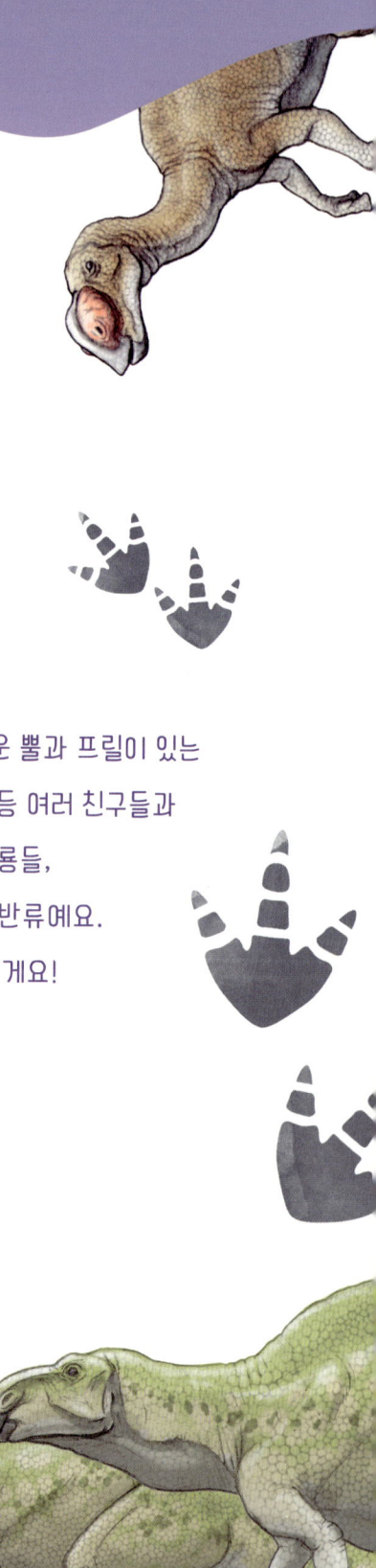

조반류의 정보

- 종류 　　조반류/검룡류, 곡룡류, 후두류, 각룡류, 조각류
- 생존시대　삼첩기, 쥐라기, 백악기 등의 전기, 중기, 후기
- 전체 길이　단위는 m
- 살던 곳　 다양함
- 먹이　　 초식성
- 이름의 뜻　다양함

큼직한 오각형 골판을 가진
스테고사우루스

등에 있는 큼직한 판은 무기가 아니에요. 체온을 조절하기 위해 있었다고 합니다. 추울 때는 햇볕 아래에서 골판에 빛을 쬐어 몸을 데우고, 반대로 더울 때는 바람을 쐬어 시원하게 했어요. 이 판의 뼈에는 구멍이 많고, 또 이 뼈에는 혈관이 있어요. 그래서 이곳의 피를 순환시켜 몸을 따뜻하게도 하고 차갑게도 했다고 해요.

따뜻해~!

뇌의 무게는 28g

단단한 목의 비늘이 몸을 보호했어요

등의 판은
햇볕을 쬐기 위해 커졌다?!

참고로 이 스테고사우루스의 무기는 꼬리에 달린 가시랍니다. 이 꼬리를 휘둘러 상대의 다리를 공격하는 거죠. 이 공룡의 또 다른 특징은 앞다리가 짧고 입이 낮은 곳에 있다는 것이에요. 그래서 먹이는 주로 입이 닿는 곳에 있는 작은 식물들이었습니다. 슬프게도 스테고사우루스의 뇌는 크기가 호두만 했어요. 전체 몸 길이가 9m나 되는데 뇌는 사람으로 따지면 손가락 정도밖에 안 됐답니다.

육식 공룡도 위협하는 날카로운 가시

스테고사우루스
Stegosaurus

- 종류: 조반류/검룡류
- 생존시대: 쥐라기 후기
- 전체 길이: 7~9m
- 살던 곳: 미국, 포르투갈
- 먹이: 초식성
- 이름의 뜻: 지붕 도마뱀

등의 판이 직사각형!
우에르호사우루스

스테고사우루스과인 검룡입니다. 등의 판이 직사각형이라는 점이 특징이죠. 꼬리에는 다른 검룡과 마찬가지로 공격용 가시가 있었다나 봐요.

낮은 곳에 있는 식물을 먹었다

머리는 낮은 위치에

역시 뇌는 작다

전체 길이는 6m 정도이고, 활동하던 시대는 스테고사우루스(쥐라기 후기)의 다음 시대인 백악기 전기였어요. 가장 마지막까지 활동하던 검룡이죠. 하지만 어째서인지 검룡은 백악기 중기쯤 사라졌답니다.

스테고사우루스과는 뇌의 용량이 커지지 않은 채 진화했어요. 그래서 이 우에르호사우루스 역시 뇌는 작고 머리가 전체적으로 낮은 위치에 있었답니다. 그러니 그보다 더 낮은 곳에 있는 식물을 먹고살았겠죠.
발견된 곳이 중국의 우얼허여서 그게 이름의 유래가 되었답니다.

판은 사각으로 진화했지만 뇌는 여전히 포도알 사이즈?!

우에르호사우루스
Wuerhosaurus

●종류	조반류/검룡류
●생존시대	백악기 전기
●전체 길이	6m
●살던 곳	중국
●먹이	초식성
●이름의 뜻	우에르호(중국의 지명 우얼허)의 도마뱀

검룡 중에서도 가장 목이 긴 여신?
미라가이아

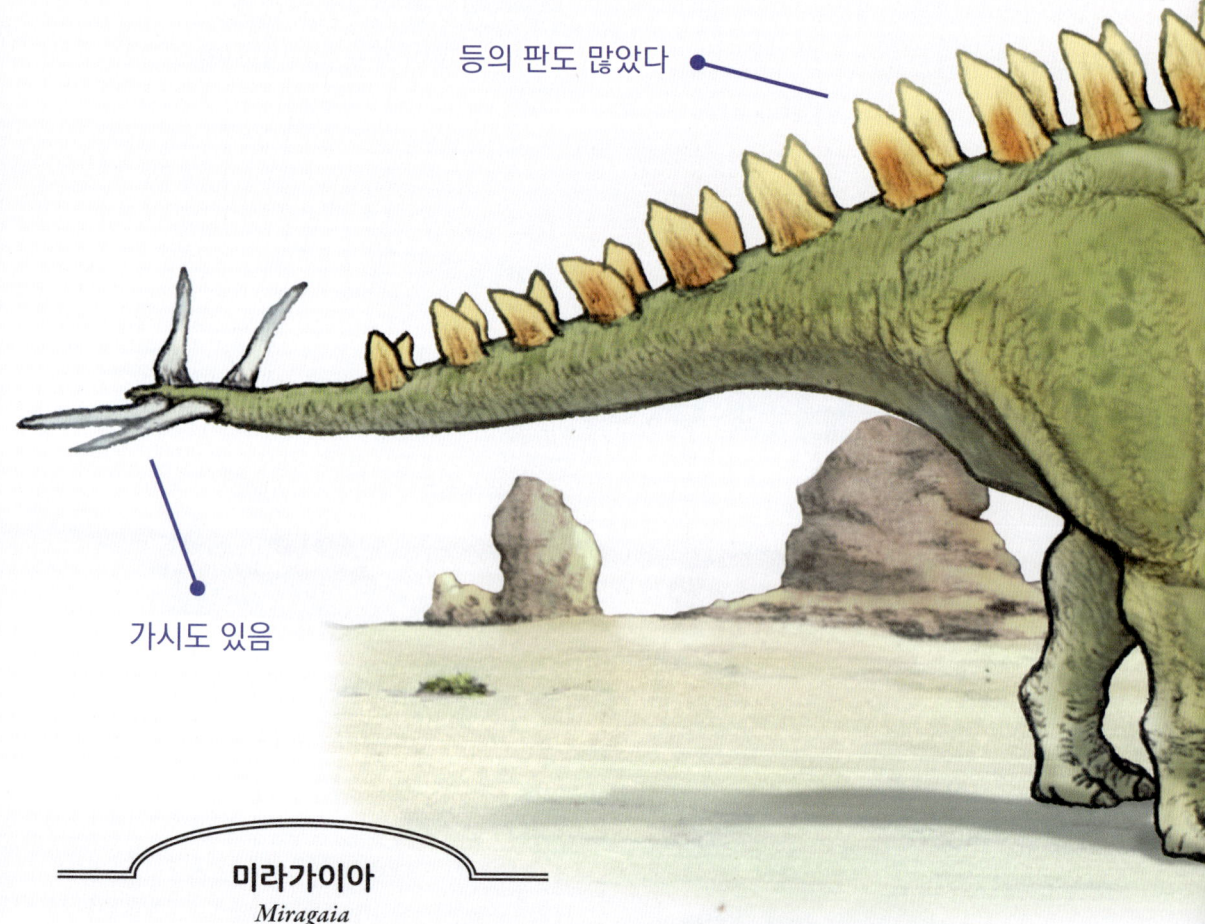

등의 판도 많았다

가시도 있음

미라가이아
Miragaia

- **종류**: 조반류/검룡류
- **생존시대**: 쥐라기 후기
- **전체 길이**: 6.5m
- **살던 곳**: 포르투갈
- **먹이**: 초식성
- **이름의 뜻**: 지구의 놀라운 여신(포르투갈의 지명)

이 공룡도 검룡이지만 다른 검룡과 크게 다른 점이 있어요. 바로 목의 길이죠. 목뼈가 17개나 있어서, 12~13개인 스테고사우루스보다 4~5개 정도 많아요. 목 길이가 몸의 3분의 1을 차지해서 그 긴 목을 이용해 키가 큰

목이 길어서 키가 큰 식물도 먹을 수 있음

목뼈는 17개

식물을 먹을 수 있었을 것이라고 과학자들은 추측하고 있어요. 전체 길이는 6~7m 정도고 스테고사우루스보다 조금 컸던 모양이에요. 활동하던 시대는 1억 5,000만 년 전인 쥐라기 후기로, 검룡이 가장 번성했던 시기죠. 이름인 미라가이아는 포르투갈의 지명이에요. 이 지명의 뜻은 '지구의 놀라운 여신'이에요. 물론 이 공룡의 생김새와는 관계가 없지만 말이죠.

뼈로 덮인 커다란 전차 같은
안킬로사우루스

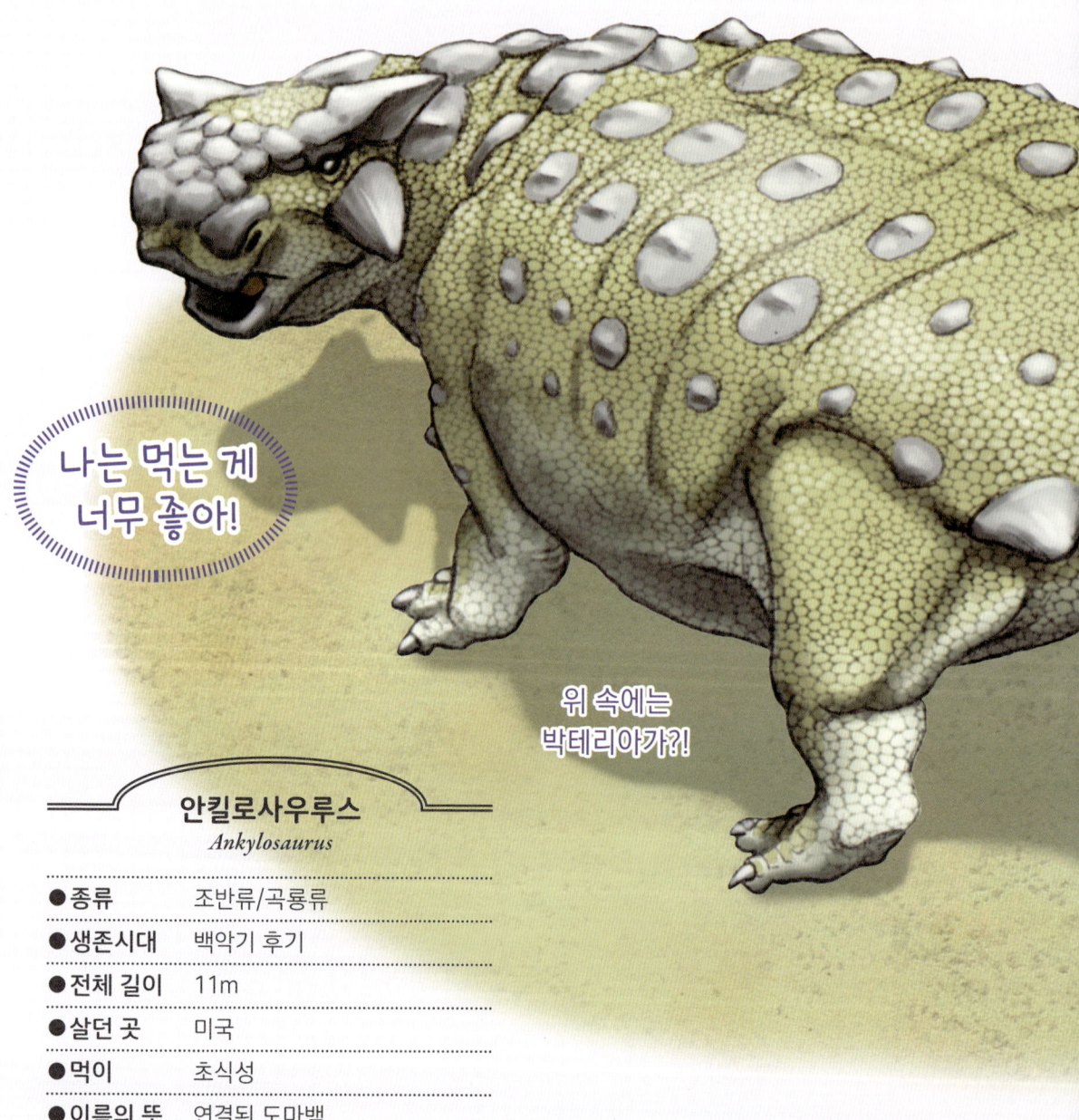

나는 먹는 게 너무 좋아!

위 속에는 박테리아가?!

안킬로사우루스
Ankylosaurus

- 종류   조반류/곡룡류
- 생존시대   백악기 후기
- 전체 길이   11m
- 살던 곳   미국
- 먹이   초식성
- 이름의 뜻   연결된 도마뱀

초식 공룡 중에서는 육식 공룡과 가볍게 맞붙어도 지지 않을 단단한 몸을 가진 공룡이 오래 살아남았겠죠. 안킬로사우루스의 몸은 온몸이 단단한 갑옷으로 덮여 있었어요. 그 갑옷은 '피골'이라는 뼈로 되어 있었답니다. 또 등이나 머리뿐만 아니라 눈꺼풀도 뼈로 된 갑옷으로 덮여 있었어요. 그게 다가 아니에요. 꼬리의 끝부분도 뼈로 된 곤봉 같아서 적이 덤비면 이걸로 반격했답니다. 마치 온몸에 뼈로 된 갑옷을 걸친 커다란 전차 같았죠. 이렇게 갑옷을 입은 공룡을 곡룡이라고 합니다. 소화기관인 위에는 박테리아가 있어서 이게 우적우적 먹어치운 식물의 소화를 도왔을지도 몰라요. 안킬로사우루스의 이빨에는 닳은 흔적이 있는데, 이건 이빨이 닳을 정도로 식물을 먹었다는 뜻이겠죠?

눈꺼풀까지 단단했다?!

곤봉 같은 꼬리

갑옷처럼 단단한 뼈로 덮인 등

곡룡 중에서도 최고의 꼬리를 가진
유오플로케팔루스

안킬로사우루스와 같은 곡룡이 바로 이 유로플로케팔루스예요.
안킬로사우루스보다 조금 앞선 시대에 살았습니다.
전체 길이는 6m 정도고 몸이 골판으로 뒤덮였으며
꼬리 끝에 뼈로 된 곤봉이 달려 있었죠.
이 곤봉은 꽤 굵고 묵직했답니다.
또 등은 골판으로 덮여 있을 뿐만 아니라
뼈가 뾰족하게 튀어나와 있었죠.

**육식 공룡도 깜짝!
위협적인 곤봉 같은 꼬리**

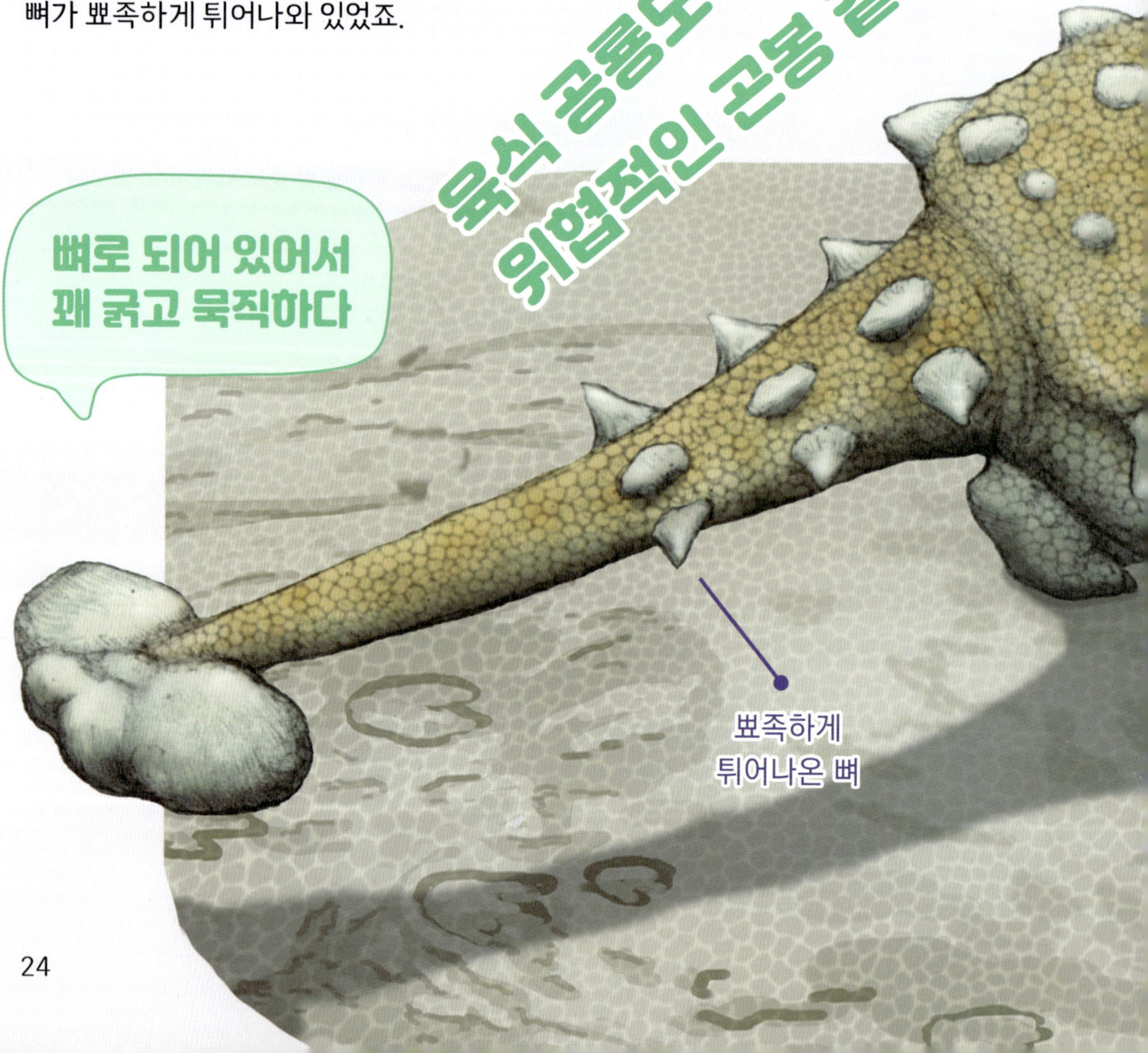

뼈로 되어 있어서
꽤 굵고 묵직하다

뾰족하게
튀어나온 뼈

또 뒤통수에도 뿔 같은 돌기가 있었어요. 이걸 이용해 육식 공룡으로부터 몸을 보호했답니다. 속도도 생긴 것과 달리 그렇게 느리지 않아서 빠르게 도망쳤을 듯해요.
입은 새의 부리 같고 이빨이 적어서 부드러운 식물을 먹었을 것으로 보입니다.

유오플로케팔루스
Euoplocephalus

- 종류: 조반류/곡룡류
- 생존시대: 백악기 후기
- 전체 길이: 6m
- 살던 곳: 캐나다, 미국
- 먹이: 초식성
- 이름의 뜻: 잘 무장된 머리

이빨이 적어서 부드러운 것만 먹을 수 있다

중간 크기의 안킬로사우루스과
피나코사우루스

집단으로 생활했어요!

등에는 뼈로 된 돌기가!
꼬리에는 뼈로 된 곤봉이!

몸은 가볍고 다리도 가늘다!

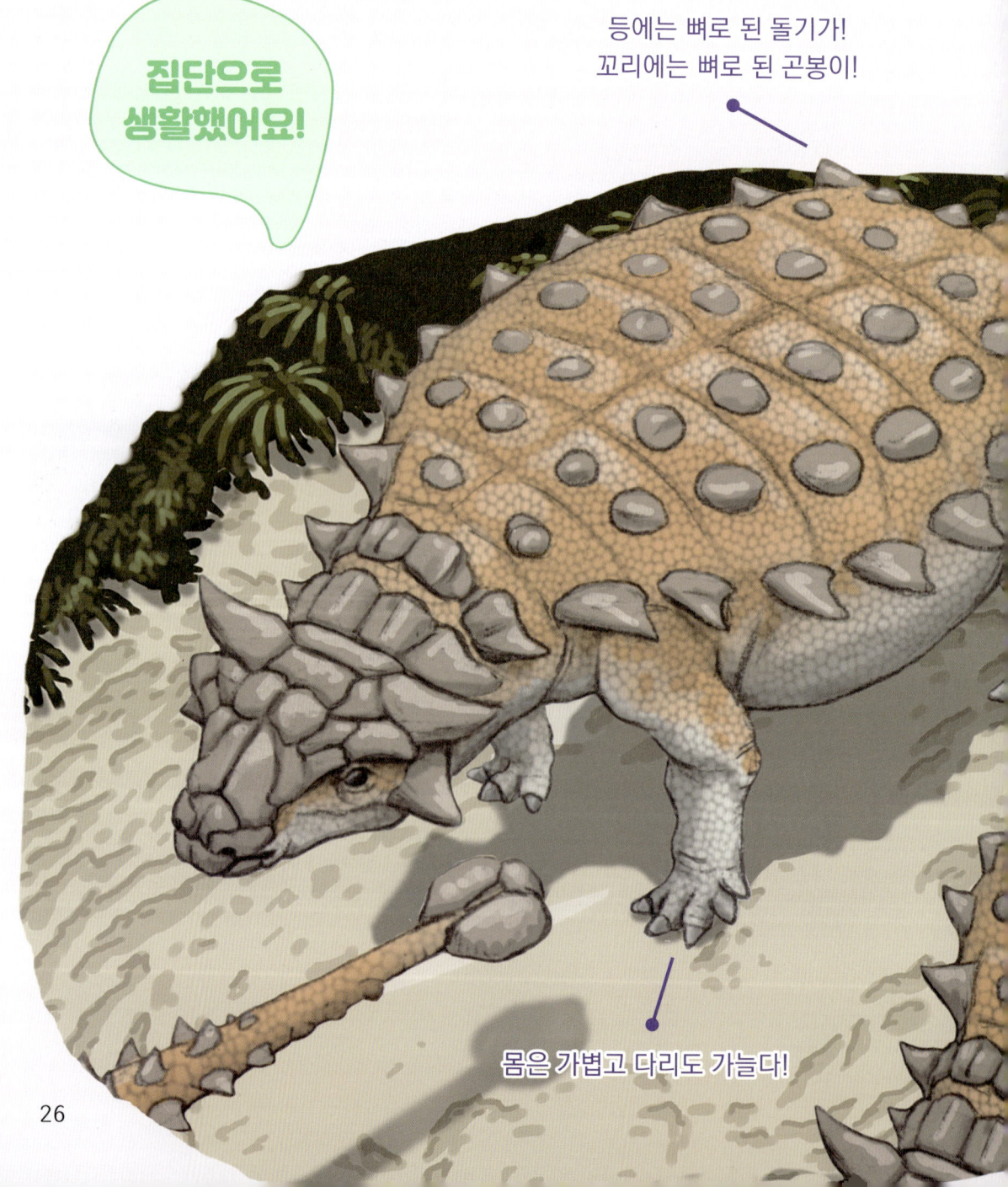

중국과 몽골에서 발견되었고, 아시아 내에서도 화석이 가장 많이 발견되는 중간 크기의 안킬로사우루스과 곡룡입니다. 다른 곡룡과 마찬가지로 꼬리 끝에는 커다란 곤봉이, 등에는 뼈로 된 돌기가 있었죠. 전체 길이가 5.5m 정도 되는 중간 크기이고, 다리는 안킬로사우루스와 비교하면 가는 데다 몸도 가벼워서 건조한 사막에서 생활한 듯해요.

유오플로케팔루스와 달리 피나코사우루스는 집단으로 생활했던 듯합니다. 몽골에서 피나코사우루스의 골격이 수십 개가 발견되었지만, 너무 많아서 아직 다 발굴하지 못했다고 해요.

**화석이 너무 많아!
몇십 개나 있어서
아직 다 캐지 못했음**

피나코사우루스
Pinacosaurus

- **종류** 조반류/곡룡류
- **생존시대** 백악기 후기
- **전체 길이** 5.5m
- **살던 곳** 몽골, 중국
- **먹이** 초식성
- **이름의 뜻** 두꺼운 판 도마뱀

뼈를 이용해 직접 몸을 보호했다?!
에드먼토니아

어깨에 난 골침 중 하나는 2개로 갈라져 있었다

주둥이는 가늘다

'곡룡의 몸을 뒤덮은 골판은 자신의 뼈를 이용해 만든 것이다'라는 설이 2013년에 발표되었어요. 만약 그렇다면 이건 생물 역사상 매우 획기적인 일일 거예요. 애초부터 공룡 자체가 획기적인 존재지만요.

이 에드먼토니아는 곡룡류지만 안킬로사우루스처럼 곤봉 같은 꼬리는 없어요. 하지만 그 대신 어깨의 골침(어깨의 가시)으로 적이 덤벼들었을 때 몸을 보호했을 듯합니다. 이 공룡은 머리나 부리도 안킬로사우루스처럼

꼬리에는 곤봉이 없음

곤봉 같은 꼬리가 없어도 어깨에 골침이 있다!

가늘어서 곡룡 중에서도 노도사우루스(매듭지어진 도마뱀이라는 뜻)과랍니다. 허리와 엉덩이가 넓고, 양쪽 어깨에 커다란 가시가 있는데 그중 하나는 2개로 갈라져 있었어요.

에드먼토니아
Edmontonia

- 종류: 조반류/곡룡류
- 생존시대: 백악기 후기
- 전체 길이: 7m
- 살던 곳: 캐나다, 미국
- 먹이: 초식성
- 이름의 뜻: 에드먼턴층(지층 명) 산

후두류의 대표격인 파키케팔로사우루스. 솟아오른 돔형 머리가 특징이에요. 머리뼈가 두껍고 돔의 높이는 20cm 이상 됐어요. 살던 곳은 북아메리카의 습한 숲이나 산악지대였고 거의 머리뼈만 발견된다고 해요. 골격은 살던 곳에서 강을 타고 평지로 쓸려 내려오는 사이에 사라졌지만, 튼튼한 머리뼈는 남기 쉬웠기 때문이에요.

그런데 어떻게 해서 이렇게 단단한 머리뼈가 된 건지는 확실히 알려지지 않았습니다. 유력한 설로는 자기들끼리 박치기로 세력다툼이나 암컷 쟁탈전에서 승패를 정했기 때문이라는 게 있어요. 다만 나중에 발견된 목뼈가 가늘었기 때문에 그것이 아닐 거라는 반대 의견도 나와서 아직 논의 중이랍니다.

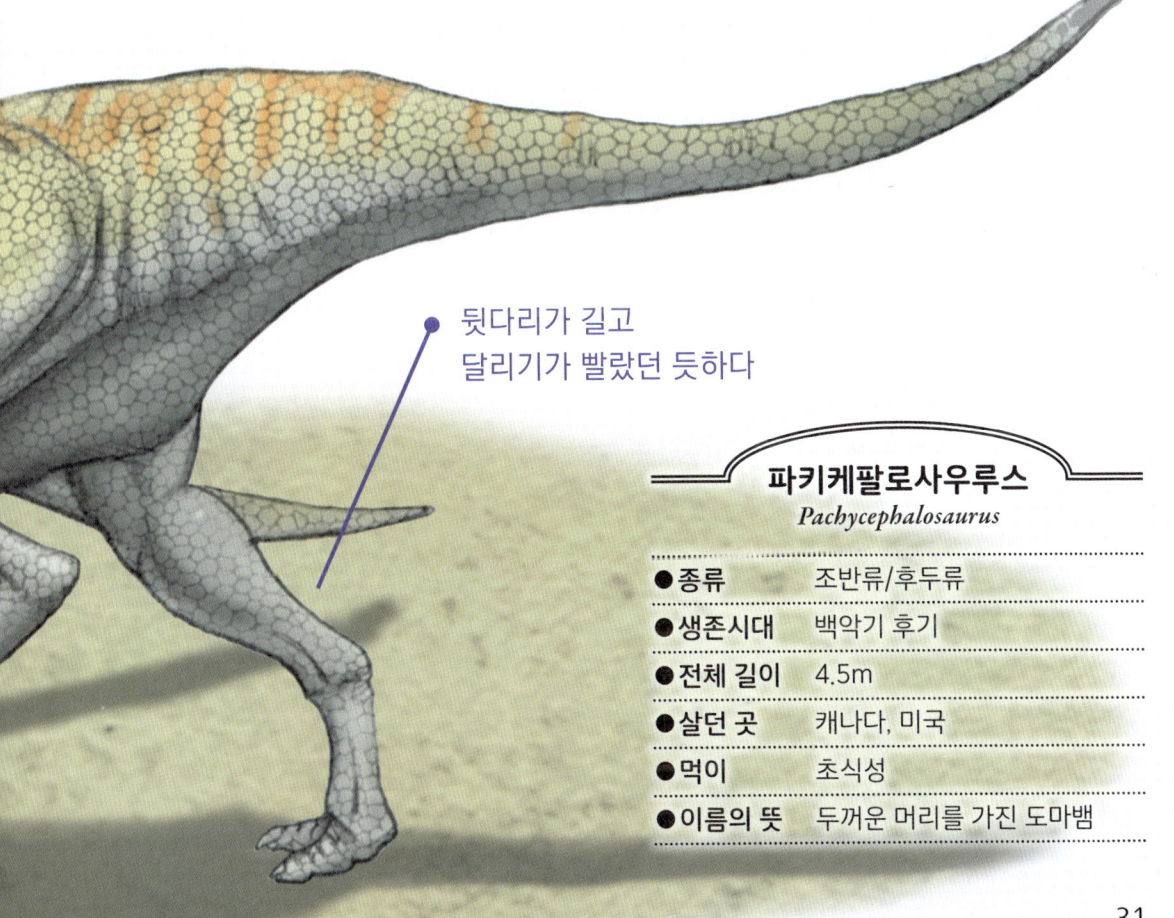

뒷다리가 길고 달리기가 빨랐던 듯하다

파키케팔로사우루스
Pachycephalosaurus

● 종류	조반류/후두류
● 생존시대	백악기 후기
● 전체 길이	4.5m
● 살던 곳	캐나다, 미국
● 먹이	초식성
● 이름의 뜻	두꺼운 머리를 가진 도마뱀

파키케팔로사우루스의 아이?
드라코렉스

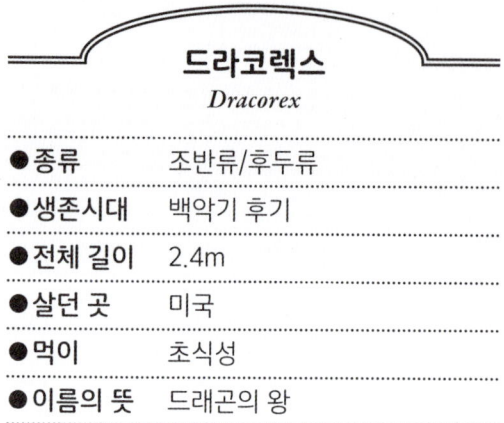

드라코렉스
Dracorex

- ●종류   조반류/후두류
- ●생존시대   백악기 후기
- ●전체 길이   2.4m
- ●살던 곳   미국
- ●먹이   초식성
- ●이름의 뜻   드래곤의 왕

성장하면 머리가 크고 두꺼워진다?!

드라코렉스의 머리는 평평하고 솟아오른 곳이 없어요. 머리 뒷부분에는 날카로운 돌기가 나란히 있고요. 2000년 대 후반까지는 이 공룡을 하나의 종으로 봤어요.

하지만 2009년에 미국 몬태나 주립대학의 잭 호너가 드라코렉스가 파키케팔로사우루스의 아이가 아닌가 하는 의견을 내놓았답니다. 두 공룡이 같은 지층에서 발견된 데다 머리의 뿔 위치가 몹시 비슷했기 때문이에요.

그 밖에 스티키몰로크라는 공룡 역시 같은 지층에서 발견되었고 머리의 뿔 위치가 비슷했어요. 단, 드라코렉스보다는 머리가 부풀어 있지만 파키케팔로사우루스보다는 낮고 깔끔했지요. 스티키몰로크는 파키케팔로사우루스의 청년기 모습이 아닐까 하는 이야기가 있어요.

정수리는 평평한!
호말로케팔레

두개골 표면이 두껍다

폭이 넓은 허리

다리미처럼 평평한 머리

파키케팔로사우루스와 같은 후두류이지만, 머리는 둥그렇지 않고 매우 평평해요. 꼭 다리미 같은 머리죠. 이름도 그리스어로 평평하다(homalos), 머리(kephale)라는 뜻이에요. 두개골 표면이 꽤 두껍고 머리 뒤쪽에는 작은 혹과 가시가 나 있었어요. 허리는 폭이 넓고 단단한 꼬리가 끝까지 뻗어 있었답니다.

전체 길이는 1.5m에서 3m 정도였고, 파키케팔로사우루스의 아이라고 불리는 드라코렉스보다 조금 큰 정도예요. 파키케팔로사우루스가 살던 시대보다 400만 년 정도 일찍 활동하고 있었죠. 발견된 곳은 몽골이고 완전한 모양의 머리뼈와 많은 양의 뼈가 발견되었어요. 참고로 후두류의 기원은 아시아가 아닐까 하는 이야기가 있답니다.

꼬리 끝까지 단단하다

호말로케팔레
Homalocephale

● 종류	조반류/후두류
● 생존시대	백악기 후기
● 전체 길이	1.5~3m
● 살던 곳	몽골
● 먹이	초식성
● 이름의 뜻	평평한 머리

앵무새 도마뱀이라고 불리는
프시타코사우루스

중국의 랴오닝에서 백악기 초기의 포유류인 레페노마무스의 화석이 발견되었는데요, 그때 그 화석의 위 속에 소화가 덜 된 프시타코사우루스 새끼의 화석이 있었답니다. 레페노마무스는 프시타코사우루스의 새끼를 먹이로 삼고 있었던 거죠.

이 프시타코사우루스는 집단으로 생활했다고 합니다. 어쩌면 집단으로 움직이며 적으로부터 서로를 보호했던 걸지도 모르죠. 참고로 이 프시타코사우루스는 조반류예요. 하지만 조반류는 이름에 새 조(鳥)라는 한자가 들어갈 뿐이지 새의 선조는

새끼가 포유류의 먹이였던 공룡?!

집단으로 생활했다!

아니죠. 그런데 얼굴이 앵무새와 비슷하게 생겨서 이 공룡의 이름은 앵무새 도마뱀이라는 뜻이에요. 게다가 이 공룡의 꼬리 시작 부분에는 깃털이 나 있었어요. 털 같은 날개인데 아직도 어디에 쓰였는지 밝혀지지 않았답니다.

앵무새 같은 얼굴

프시타코사우루스
Psittacosaurus

- 종류 　　　조반류/원시 각룡류
- 생존시대 　백악기 전기
- 전체 길이 　1~2m
- 살던 곳 　　중국, 몽골, 러시아
- 먹이 　　　초식성
- 이름의 뜻 　앵무새 도마뱀

정체를 알 수 없는 깃털!

각룡인데 뿔이 없는
프로토케라톱스

이름의 뜻이 '최초의(protos) 뿔(keras) 달린 얼굴(ops)'인데 눈앞에 작은 돌기가 있을 뿐이지 뿔은 없답니다. 이런 이름이 붙은 이유는 프로토케라톱스가 트리케라톱스의 조상격인 각룡이기 때문이에요. 하지만 프릴은 있었어요. 원시적인 각룡치고는 커다란 프릴이었죠. 프로토케라톱스는 집단으로 생활했어요. 무리 지어 생활하고 새끼를 키웠던 것 같아요. 고비사막에서 새끼부터 성체까지 많은 골격이 발견되었답니다. 그 골격으로 보아 새끼에서 성체로 자라는 과정에서 프릴과 뺨의 돌출된 부분이 점점 커졌다는 걸 알 수 있었지요. 넓은 프릴은 몸을 지킬 뿐만 아니라 암컷에게 자신을 어필하는 데 쓰였을지도 몰라요.

이름은 '뿔 달린 얼굴'인데 머리에는 뿔이 없다!

프로토케라톱스
Protoceratops

● 종류	조반류/원시 각룡류
● 생존시대	백악기 후기
● 전체 길이	2.5m
● 살던 곳	몽골, 중국
● 먹이	초식성
● 이름의 뜻	최초의 뿔 달린 얼굴

지느러미 같은 꼬리를 가진
코리아케라톱스

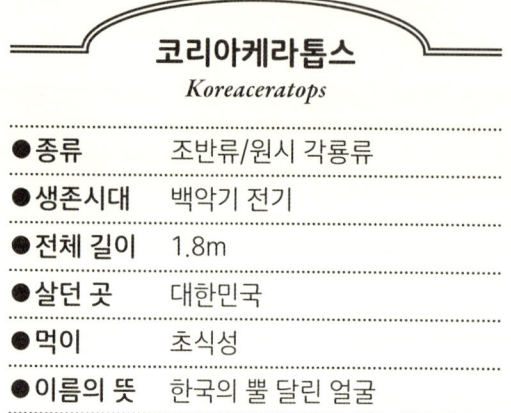

코리아케라톱스
Koreaceratops

- 종류 조반류/원시 각룡류
- 생존시대 백악기 전기
- 전체 길이 1.8m
- 살던 곳 대한민국
- 먹이 초식성
- 이름의 뜻 한국의 뿔 달린 얼굴

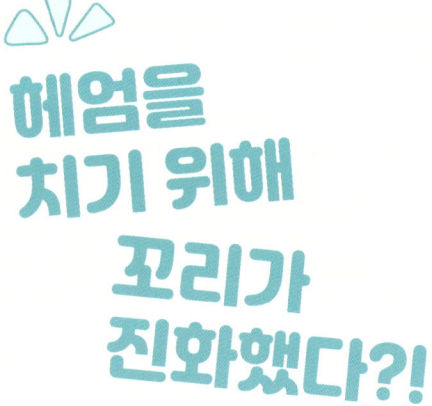

헤엄을 치기 위해 꼬리가 진화했다?!

이 공룡의 특징은 꼬리의 모양이에요. 꼭 지느러미처럼 생겼죠.
그 지느러미 때문에 헤엄을 잘 치고
수중생물을 먹으며 생활했던 게 아닐까 하는 설도 있답니다.
전체 길이는 1.8m 정도의 작은 크기였고,
프시타코사우루스나 프로토케라톱스와 마찬가지로 원시적인 각룡이에요.
코리아케라톱스가 있던 시대는 백악기 전기이고,
지금으로부터 1억 600만 년 전이에요.
프시타코사우루스보다 2,000만 년 후의 시대죠.
또 프로토케라톱스 역시 형태는 다르지만 코리아케라톱스처럼
꼬리가 지느러미 같다는 점이 참 흥미로워요.
발견된 곳은 대한민국의 화성시.
대한민국은 물론이고 아시아 동북부에서 처음으로 발견된 각룡입니다.
이름에도 코리아(Korea)가 있는데, 뜻은
'한국의 뿔 달린 얼굴'입니다.

프릴 중앙에 달린 휘어진 돌기
센트로사우루스

각룡은 뿔이나 프릴이 인상적이죠. 그리고 다양한 형태를 가진 공룡이 많아요.
센트로사우루스의 특징은 코 위에 난 뿔 하나와 자그마한 프릴에 달린 돌기랍니다.

코 위에
뿔이 하나 있음

2개씩
위아래로 난
중앙의 돌기

이 중에서도 중심이 되는 돌기는 프릴 중앙 위에 있는 4개의 돌기예요. 2개는 아래쪽으로 휘어졌고, 2개는 위쪽으로 났습니다. 그 밖에도 프릴 가장자리에 여러 개의 돌기가 있었어요. 참고로 눈 위의 혹은 그렇게 크지 않았답니다. 센트로사우루스는 체구가 튼실했고 떼를 지어 행동했어요. 캐나다 앨버타주에서는 수백 개가 넘는 화석이 발굴되었어요. 또 만 개 이상의 화석이 더 있지 않을까 하는 이야기가 있답니다. 발견된 화석은 무리로 강을 이동하다 쓸려 내려온 게 아닐까 추측하고 있어요.

요란하게 생긴 프릴의 돌기

센트로사우루스
Centrosaurus

- **종류**: 조반류/각룡류
- **생존시대**: 백악기 후기
- **전체 길이**: 6m
- **살던 곳**: 캐나다, 미국
- **먹이**: 초식성
- **이름의 뜻**: 뾰족한 뿔이 달린 도마뱀

튼실한 몸집

프릴 위로 튀어나온 뿔을 가진
디아블로케라톱스

길게 밖으로 휘어진 뿔 두 개가 악마 같아 보였던 걸까요? 아니면 따로 지어줄 이름이 없었던 걸까요? 프릴 위에 난 2개의 뿔에는 악마(diablo)의 뿔이라는 이름이 붙고야 말았습니다.
게다가 디아블로케라톱스는 센트로사우루스아과지만, 그런 것치고는 드물게 눈 위에 긴 뿔이 있고 둥그스름한 코가 있었답니다.
발견된 곳은 미국의 유타주. 유타주 남부에 있는 와윕 층에서 발굴되고 있어요. 이 층에서는 이 밖에도 프릴과 눈 위에 난 뿔이 특징인 마카이로케라톱스가 발굴되고 있는데, 마카이로케라톱스는 프릴에 난 뿔이 앞으로 휘어져 있어서 악마라고 불리지는 않았어요.
마카이로의 뜻은 그냥 휘어졌다(machairis)랍니다.

디아블로케라톱스
Diabloceratops

● 종류	조반류/각룡류
● 생존시대	백악기 후기
● 전체 길이	5.5m
● 살던 곳	미국
● 먹이	초식성
● 이름의 뜻	악마의 뿔이 달린 얼굴

프릴과 눈 위에 난 긴 뿔이 특징

너무 진화하는 바람에 악마라는 이름이 붙은 2개의 뿔

눈 위에도 긴 뿔이 있다

둥그스름한 코

휘어진 뿔이 매우 개성적인
에이니오사우루스

프릴에서 돋아난 뿔 2개

눈 위의 혹은 작다

프릴에 난 뿔도 특징적임

꼭 깡통따개처럼 진화한 휘어진 뿔

센트로사우루스아과의 각룡입니다.
이 공룡의 특징은 코 위에 있는
휘어진 뿔과 프릴에 난 2개의 뿔이에요.
각룡들에게는 개성이 무척 강한 뿔과
프릴이 있지만, 이 코 위에 있는
휘어진 뿔은 유독 더 도드라집니다.
각룡 중에 유명한 것은
트리케라톱스인데,
에이니오사우루스와 트리케라톱스의
큰 차이점은 눈 위에 뿔이 있느냐
없느냐였어요. 에이니오사우루스는
눈 위에 뿔이 없거나, 있어도 혹 정도로 작은 경우가 많았어요.
그 대신 프릴의 장식은 아주 볼 만했답니다.
프릴 자체는 그렇게 크지 않지만 뿔이 있거나 혹이 있거나 돌기가 있거나,
또 휘어져 있거나 하늘로 뻗어 있는 등 특징이 아주 다양했어요.
공룡 전시회 같은 곳에서 비교해 봐도
꽤 재미있을 거예요.

에이니오사우루스
Einiosaurus

- 종류: 조반류/각룡류
- 생존시대: 백악기 후기
- 전체 길이: 6m
- 살던 곳: 미국
- 먹이: 초식성
- 이름의 뜻: 들소 도마뱀

코 위에 뿔 대신 혹이 있는
파키리노사우루스

다른 센트로사우루스아과와 달리 파키리노사우루스 코 위에는 뿔이 없어요.
대신 코 위부터 눈꺼풀 중앙까지 울퉁불퉁한 혹이 있었죠.
몸집이 아주 큰 공룡 대부분은 뿔이 있었지만,
왜 이 파키리노사우루스에게만 뿔 대신 혹이 있는지 의문이에요.
프릴 중앙과 뒤쪽에는 작은 뿔이 나 있어요.
이것은 암컷에게 자신의 매력을 드러내거나 무리의 다른 공룡들과 구분하는 표시로 쓴 게 아닐까 보고 있습니다.
이 공룡의 발상지는 아시아예요.
아시아에서 베링 해협을 거쳐 북아메리카로 간 모양이에요.
그리고 북아메리카에서 몸집이 거대해진 거죠.
이 파키리노사우루스의 전체 길이는 7m 정도로,
다른 센트로사우루스아과와 비교해도 큰 편이에요.
살던 곳은 캐나다와 미국이었어요.

파키리노사우루스
Pachyrhinosaurus

- **종류** 조반류/각룡류
- **생존시대** 백악기 후기
- **전체 길이** 7m
- **살던 곳** 캐나다, 미국
- **먹이** 초식성
- **이름의 뜻** 두꺼운 코를 가진 도마뱀

프릴에 있는 장식은 암컷에게 보여주기 위한 것

프릴 중앙과 뒤쪽에 작은 뿔이 있음

울퉁불퉁한 혹이 있음

전체 길이가 7m인 대형 센트로사우루스아과

요란한 프릴 장식을 지닌
스티라코사우루스

이렇게까지 할 필요가 있나 싶을 정도로 긴 6개의 뿔이 프릴 주변에 달려 있었어요. 코 위에도 긴 뿔이 있어서 이름의 뜻도 '창 장식(styrax)이 달린 도마뱀(sauros)'이에요. 프릴에는 뿔 말고도 가시가 여럿 나 있었다나 봐요. 다만 눈 위에는 뿔이 없었답니다. 긴 뿔의 길이는 50~60cm 정도인데, 전신이 5.5m였으니까 몸과 비교하면 뿔은 꽤 컸어요. 그래서 프릴 전체의 무게를 낮추기 위한 것인지 프릴에는 구멍이나 움푹 팬 곳이 있었다는 것 같아요.

너무 눈에 띄는 6개의 긴 뿔

꼬리는 짧다

스티라코사우루스
Styracosaurus

- **종류** 조반류/각룡류
- **생존시대** 백악기 후기
- **전체 길이** 5.5m
- **살던 곳** 캐나다, 미국
- **먹이** 초식성
- **이름의 뜻** 가시 달린 도마뱀

그 밖에도 스티라코사우루스의 신체적 특징은 꼬리가 그렇게 길지 않다는 점과 어깨가 튼튼했다는 점이에요. 오늘날의 코뿔소와 비슷하게 생긴 공룡이었던 모양이에요.

2대 인기 공룡 중 하나
트리케라톱스

티라노사우루스마저 겁먹게 한 뿔

덤빌 테면 덤벼라!

힘센 턱

놀라운 방어력과
튼튼한 프릴
그리고 3개의 뿔

트리케라톱스
Triceratops

- 종류   조반류/각룡류
- 생존시대   백악기 후기
- 전체 길이   8~9m
- 살던 곳   캐나다, 미국
- 먹이   초식성
- 이름의 뜻   3개의 뿔이 달린 얼굴

백악기 마지막까지 생존했던 역대 가장 큰 각룡류가 트리케라톱스입니다. 티라노사우루스와 나란히 인기가 많은 공룡이고, 생존했던 시기도 티라노사우루스와 같아요. 이들은 집단으로 생활하며 티라노사우루스가 공격해도 다 같이 반격했다나 봐요. 튼튼한 프릴과 눈 위로 난 뿔을 방패로 삼으면 소중한 목을 지킬 수 있었어요. 몸도 각룡 중에서는 가장 컸고 8~9m나 됐답니다.

튼튼한 4개의 다리

큼직하고 멋진 프릴을 가진
카스모사우루스

카스모사우루스
Chasmosaurus

- 종류　　조반류/각룡류
- 생존시대　백악기 후기
- 전체 길이　6m
- 살던 곳　캐나다, 미국
- 먹이　　초식성
- 이름의 뜻　구멍이 난 도마뱀

카스모사우루스의 거대한 프릴에 있는 뿔은 바퀴 2개를 나란히 놓은 것처럼 생겼어요. 뼈 한가운데는 텅텅 비어 있지만 그곳은 피부가 덮고 있었을 것으로 보고 있어요.

프릴은 뼈가 없는 장식이었다!

트리케라톱스의 동료

아래 그림처럼 프릴의 움푹 팬 부분이 뼈가 없는 곳이랍니다. 이름의 카스모(chasma)는 커다란 구멍을 뜻해요.
큰 프릴이 있는 각룡 중에는 이것과 구조가 비슷한 공룡도 많았어요. 이때의 프릴은 장식 같은 기능을 했어요.
다만 이 장식 같은 프릴도 위아래로 흔들면 정면에서 덤벼드는 적이 깜짝 놀랐던가 봐요.
프릴이 큼직해서 아주 위협적인 효과가 있었겠죠.
또 케라톱스과는 눈 위의 난 커다란 2개의 뿔이 특징이지만, 카스모사우루스의 뿔은 그렇게 크지 않았어요.

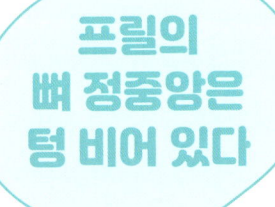

프릴의 뼈 정중앙은 텅 비어 있다

무리 지어 생활했음

이구아나의 이빨과 비슷해서
이구아노돈

이구아노돈은 앞다리가 특징적입니다. 엄지가 날카롭게 튀어나온 가시처럼 생겨서 발견 초기에는 사람들이 뿔로 착각했어요.
새끼발가락을 굽힐 수 있어서 식물을 잡기 편리했던 모양입니다.
뒷다리에는 발굽이 있어서 네 발로도 두 발로도 걸을 수 있던 공룡이에요.
평소에는 사족보행을 했답니다.
이구아노돈은 세상에 두 번째로 발표된 공룡이지만, 발견은 가장 먼저 됐어요.

처음으로 발견되었지만 발표는 2등으로 된 안타까운 공룡!

뒷다리에는 발굽이 있음

처음에 이빨이 발견되었고 그 이빨이 이구아나의 이빨과 비슷해서 거대한 파충류의 이빨로 착각하고 발표를 미룬 거죠. 이구아나는 식물을 먹는 파충류예요. 그것 때문에 이빨이 비슷한 이구아노돈도 식물을 먹었을 것으로 봤어요. 이구아노돈은 부리가 넓어서 입안 가득 식물을 물고 이빨로 으깨서 먹었다는 모양이에요.

이구아노돈
Iguanodon

- 종류: 조반류/조각류
- 생존시대: 백악기 전기
- 전체 길이: 10m
- 살던 곳: 영국, 벨기에, 미국, 프랑스, 독일, 스페인, 포르투갈, 몽골
- 먹이: 초식성
- 이름의 뜻: 이구아나의 이빨

주둥이가 넓고 이빨은 이구아나 같았다

앞다리의 엄지는 가시 같았고 새끼발가락은 굽힐 수 있었다

생김새는 이구아노돈을 쏙 닮은
무타부라사우루스

생김새는 이구아노돈을 쏙 닮았어요. 물론 이구아노돈과지만 최근 연구를 통해 그렇게 가까운 종이 아니라는 사실이 알려졌어요. 발견된 곳은 오스트레일리아의 무타부라. 오스트레일리아의 독자적인 조각류로 보고 있답니다. 이구아노돈과와 크게 다른 점은 이빨의 모양과 코 위의 뿔. 무타부라사우루스의 이빨은 턱에 빽빽하게 나 있어서 그걸로 식물을 잘게 부숴 먹었답니다. 이구아노돈은 위턱을 좌우로 흔들어 안쪽에 난 이빨로 식물을 으깨 먹었으니까, 이런 점은 크게 다르죠. 또 무타부라사우루스는 코 위에 커다란 뼈로 된 혹이 있었어요. 그건 무리 내 공룡들을 구분하는 데 쓰지 않았을까 추측하고 있답니다.

무타부라사우루스
Muttaburrasaurus

- 종류: 조반류/조각류
- 생존시대: 백악기 전기
- 전체 길이: 7m
- 살던 곳: 오스트레일리아
- 먹이: 초식성
- 이름의 뜻: 무타부라(오스트레일리아의 지명)의 도마뱀

등에 달린 돛 같은 돌기
오우라노사우루스

아프리카 니제르 사하라 사막에서 발견된 오우라노사우루스. 이 공룡이 살던 시대는 백악기 전기인데, 백악기는 지구가 비교적 더웠던 시기예요. 그 밖에 등에 돛 같은 것이 달린 공룡으로 스피노사우루스나 레바키사우루스가 있는데, 이 공룡들이 살았던 시대도 백악기예요.

오리 같은 입과 비교적 긴 머리

튀어나온 등 지느러미

시원해~~!

평소에는 사족보행

오우라노사우루스는 등뼈 위에 길게 돌기가 나 있고 그 돛 같은 것을 이용해 열을 내보낸 것으로 보고 있어요. 냉각 장치 같은 기능을 갖추고 있었겠죠.
이 공룡은 이구아노돈과예요. 엄지가 가시 같다는 이구아노돈의 특징을 갖고 있었죠. 부리는 평평하고 넓어서 꼭 오리 같았고 그걸로 식물을 먹었어요. 머리도 비교적 길었다는 모양이에요.

오우라노사우루스
Ouranosaurus

- 종류: 조반류/조각류
- 생존시대: 백악기 전기
- 전체 길이: 7m
- 살던 곳: 니제르
- 먹이: 초식성
- 이름의 뜻: 용감한 도마뱀

등의 돌기는 온도를 조절하기 위해 진화했다?!

높게 솟아오른 콧등을 가진
알티리누스

부풀어 오른 코로 자신을 어필

식사할 때는 네 발로 섰지만 주로 이족보행

뾰족한 주둥이

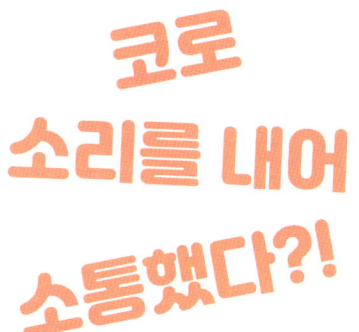
코로 소리를 내어 소통했다?!

처음에는 이구아노돈이 아닐까 했던 조각류예요. 하지만 뾰족한 주둥이와 커다란 콧구멍, 특히 이름처럼 높게 솟아오른(Altirhinus) 콧등이 특징이며 이구아노돈과는 다르답니다.
그런데 왜 코가 코가 이렇게 된 걸까요? 많은 설이 있는데 생김새로 어필을 했거나 또 소리를 내어 소통했을 가능성이 있다고 해요.
전체 길이는 8m이고 이구아노돈과 마찬가지로 앞다리 엄지가 가시 같았으며 주로 두 발로 다녔지만, 식사할 때는 네 발로 섰던 모양이에요.

알티리누스
Altirhinus

- **종류**   조반류/조각류
- **생존시대**   백악기 전기
- **전체 길이**   8m
- **살던 곳**   몽골
- **먹이**   초식성
- **이름의 뜻**   높은 코

일본에서 처음으로 학명이 붙은 초식 공룡
후쿠이사우루스

일본 최초야~

일본에서 최초로 학명이 붙은 초식 공룡이에요. 이구아노돈과 같은 조각류이지만, 이구아노돈이 살던 시대보다 후쿠이사우루스가 살던 시대가 더 앞선답니다. 그러니까 후쿠이사우루스가 더 원시적인 조각류라고 할 수 있겠죠. 후쿠이현 가쓰야마시에서 발견되었기 때문에 이름도 후쿠이(Fukui)의 도마뱀(sauros)이고 후쿠이사우루스라고 해요. 애칭은 후쿠이 용이고, 후쿠이사우루스라는 학명이 생기기 전까지는 이 이름으로 불렸답니다.

세대가 다른 뼈가 발견되었다

애칭은 후쿠이 용!

육식 공룡의 이빨 자국이?!

더욱 원시적!
위턱이 옆으로는 움직이지 않는다

가쓰야마시에서 머리뼈, 이빨, 등뼈, 꼬리 등의 화석이 발견되고 있어요. 그중에 육식 공룡의 이빨 자국이 있는 후쿠이사우루스로 보이는 화석도 있답니다. 육식 공룡에게 습격을 당했을지도 몰라요. 또 발자국 화석도 자주 발견되고 있어요.

후쿠이사우루스
Fukuisaurus

● 종류	조반류/조각류
● 생존시대	백악기 전기
● 전체 길이	4.7m
● 살던 곳	일본
● 먹이	초식성
● 이름의 뜻	후쿠이(일본의 지명)의 도마뱀

머리의 볏도 특징적인
사우롤로푸스

조각류인 하드로사우루스과예요. 하드로사우루스는 오리주둥이 공룡이라고도 불리며, 입 모양이 오리와 비슷했고 이빨이 아주 많았어요. 게다가 작은 이빨이 여럿 있어서 이빨을 못 쓰게 되면 다음 이빨이 대신 씹어줘서 항상 식물을 소화시킬 수 있었어요. 식물을 아주 많이 먹을 수 있었던 셈이죠. 사우롤로푸스는 하드로사우루스과 중에서도 정수리 뒤로 뻗은 볏이 특징적이에요. 보통 이런 볏은 안이 텅 비어 있는데, 이 사우롤로푸스의 볏은 안이 꽉 차 있었답니다. 이 볏으로 무리의 공룡들과 성별을 확인했을 것으로 보고 있어요.

굵고 튼실한 꼬리와 다리로 이족보행?!

사우롤로푸스
Saurolophus

- **종류**   조반류/조각류
- **생존시대**   백악기 후기
- **전체 길이** 9~12m
- **살던 곳**   캐나다, 몽골
- **먹이**   초식성
- **이름의 뜻** 볏이 있는 도마뱀

티라노사우루스의 표적이 되기도 한
에드먼토사우루스

에드먼토사우루스
Edmontosaurus

- 종류: 조반류/조각류
- 생존시대: 백악기 후기
- 전체 길이: 13m
- 살던 곳: 캐나다
- 먹이: 초식성
- 이름의 뜻: 에드먼턴(캐나다의 지명)의 도마뱀

세계적으로 보기 드문 피부 화석을 발견!

머리에는 볏도 있음!

백악기 후기에 북아메리카에서 번영했던 하드로사우루스과예요. 전체 길이는 13m. 티라노사우루스의 사냥감이 되기도 했던가 봐요. 티라노사우루스에게 습격당한 것으로 보이는 화석도 발견되었어요.
주둥이의 폭이 넓고 위아래 턱 안쪽에는 작은 이빨이 빽빽하게 나 있었어요. 이 작은 이빨을 줄칼처럼 써서 식물을 으깨 먹었답니다. 이빨 수가 예비용까지 포함해 2,000개나 있었어요. 주요 먹이는 침엽수였던 모양이에요. 배 화석에서 침엽수 잎과 씨, 작은 가지를 찾았거든요.
에드먼토사우루스의 피부 상태를 잘 알 수 있는 화석이 발견되었어요. 그걸 통해 머리에는 볏이 있고, 피부는 비늘에 덮여 있다는 걸 알게 되었답니다.

피부는 비늘에 덮여 있었다!

식물을 으깨는 작은 이빨이 2,000개나

내 자식은 내가!
마이아사우라

착한 어미 도마뱀이라고 불리던 공룡

마이아사우라
Maiasaura

- 종류　　　조반류/조각류
- 생존시대　백악기 후기
- 전체 길이　9m
- 살던 곳　　미국
- 먹이　　　초식성
- 이름의 뜻　착한 어미 도마뱀

마이아사우라의 뜻은 '착한 어미(maia) 도마뱀(saura)'이에요. 조각류인 하드로사우루스과지만 새끼를 키우는 공룡으로 알려져 있죠.

마이아사우라는 무리 지어 둥지를 짓고 새끼를 키웠어요. 둥지는 부드러운 흙이나 모래를 쌓아 올린 다음 그곳을 다듬어 만들었고, 거기에다 수십 개의 알을 낳았죠. 그리고 알을 식물로 덮어 따뜻하게 데워준 모양이에요. 둥지와 둥지는 부모의 몸길이와 비슷한 정도로 떨어져 있었어요.

알에서 새끼 공룡이 태어나면 부모는 잘게 부순 식물을 토해내 먹이로 줬답니다.

잘게 부순 먹이를 새끼들에게 줬다?!

부드러운 흙이나 모래를 쌓아 올린 뒤 그곳을 다듬어 둥지로 삼았다!

수십 개의 알을 낳았다?!

반원형 볏이 특징인!
코리토사우루스

헬멧 같은 반원형 볏이 특징인 코리토사우루스. 학명도 헬멧(korytho)을 쓴 도마뱀(sauros)이에요. 이 코리토는 고대 그리스 도시인 코린토의 병사가 쓰던 투구와 비슷했다는 점에서 붙은 것이에요.

이 공룡은 조각류이고 람베오사우루스족이에요. 람베오사우루스는 하드로사우루스과 중에서도 안이 텅 빈 볏이 있다는 점이 특징이에요. 수컷보다 암컷의 볏이 더 작았을 것으로 보고 있어요.

볏은 새끼에서 성체로 성장하는 과정에서 발달했답니다. 코리토사우루스도 마찬가지예요. 볏 안은 텅 비어 있지만, 그 구멍은 콧구멍과 이어져 있었어요.

잘 움직이지 않는 꼬리!

코리토사우루스
Corythosaurus

- 종류   조반류/조각류
- 생존시대   백악기 후기
- 전체 길이   10m
- 살던 곳   캐나다, 미국
- 먹이   초식성
- 이름의 뜻   헬멧 도마뱀

코뼈가 진화해서 생긴 볏!

콧구멍과 이어져 있던 볏?!

헬멧처럼 진화한 볏!

다양하게 진화하는 머리의 볏
람베오사우루스

육식 공룡을 보면 도망치는 게 상책?!

이 공룡은 머리 뒤로 도끼 같이 생긴 볏이 있었어요. 이 공룡의 과는 볏이 다양한 형태로 진화했답니다. 볏은 무리 내 공룡들 사이에서 서로를 구분할 때 도움이 됐을 것으로 보고 있어요. 람베오사우루스는 볏 말고도 등이 크게 부풀어 오른 게 특징이에요. 다만 조각류는 조반류의 다른 공룡처럼 뼈가 몸을 덮고 있거나 뿔이 있진 않았어요. 그래서 육식 공룡에게서 몸을 보호할 방법이 삼십육계 줄행랑밖에 없어 달리는 속도가 꽤 빨랐을 것으로 보여요. 또 이 람베오사우루스의 이름은 캐나다의 로렌스 모리스 람베에게서 따온 것이에요. 람베는 캐나다에서 가장 위대한 고생물학자 중 하나랍니다.

람베오사우루스
Lambeosaurus

● 종류	조반류/조각류
● 생존시대	백악기 후기
● 전체 길이	15m
● 살던 곳	캐나다, 미국, 멕시코
● 먹이	초식성
● 이름의 뜻	람베(사람의 이름)의 도마뱀

볏으로 의사소통을?!
파라사우롤로푸스

뒤로 크게 뻗은 볏이 특징인 파라사우롤로푸스. 이 친구들은 볏을 이용해 대화를 나눴을 것으로 보고 있어요. 볏은 코뼈가 발달해서 생긴 것이랍니다.
볏 속은 텅 비어 있어서 코로 숨을 쉬면 공기가 볏 속까지 들어왔어요. 전문기기로 이 볏과 뇌 내부를 촬영해 보니 파라사우롤로푸스는 냄새는 잘 못 맡았지만 소리는 잘 들었다는 걸 알 수 있었어요. 특히 저주파의 소리를 잘 들었던 모양입니다.
그래서 파라사우롤로푸스는 볏으로 저주파의 울음소리를 내서 무리 내 다른 공룡과 대화하지 않았을까 하고 있어요. 또 다른 람베오사우루스아과도 마찬가지 아니었을까 하는 이야기가 있습니다.

파라사우롤로푸스
Parasaurolophus

●종류	조반류/조각류
●생존시대	백악기 후기
●전체 길이	11m
●살던 곳	캐나다, 미국
●먹이	초식성
●이름의 뜻	사우롤로푸스를 닮은 도마뱀

볏으로 소리를 울려 대화했다?!

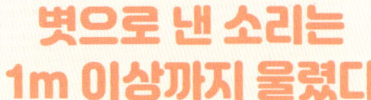
볏으로 낸 소리는 1m 이상까지 울렸다

저주파의 소리를 잘 듣는 귀

앞다리는 짧고 튼튼했으며 어깨뼈는 굵고 튼실했다

러시아의 사할린에서 발견된!
니폰노사우루스

니폰노사우루스는
1934년, 당시
일본 영토였던
가라후토(현재의 사할린)에서 발견되었어요.
학명은 일본에서 발견되었다고 해서
일본(Nippon)의 도마뱀(sauros). 유일하게
일본의 이름이 붙은 공룡이에요.
발굴지인 가라후토는
러시아의 영토가 되었지만
발굴된 표본은 홋카이도 대학에서
보관하고 있습니다.
사할린에 전시된 건
복제본이고요.
발견된 당시에는 공룡의
성체일 것으로 봤지만,
그 후 조사를 통해
2~3살 정도 되는 새끼의 화석이고
그래서 볏이 작다는 게 밝혀졌답니다.
이 공룡의 선조는
유럽에서
왔을 것으로 보고 있어요.

사할린이 일본 영토일 때 발견!

그래서 니폰노라는 이름이 붙었다

새끼가 4m, 그럼 성체가 되면?!

유럽의 하드로사우루스과가 기원?!

1934년에 발견!

니폰노사우루스
Nipponosaurus

- 종류 　　조반류/조각류
- 생존시대　백악기 후기
- 전체 길이　4m
- 살던 곳　　러시아
- 먹이　　　초식성
- 이름의 뜻　일본의 도마뱀

올로로티탄
Olorotitan

- 종류: 조반류/조각류
- 생존시대: 백악기 후기
- 전체 길이: 12m
- 살던 곳: 러시아
- 먹이: 초식성
- 이름의 뜻: 거대한 백조

15m인 람베오사우루스만은 못하지만 올로로티탄도 전체 길이가 12m나 되었어요. 몸집이 아주 큰 람베오사우루스족이랍니다. 학명마저도 거대(Titan)한 백조(olor)라는 뜻이에요. 가장 큰 특징은 볏의 형태가 부채처럼 뒤로 펼쳐져, 꼭 나팔 모양 같다는 점이에요. 이 볏의 구멍은 다른 람베오사우루스족과 마찬가지로 코와 이어져 있었답니다.
또 목뼈가 18개라 다른 람베오사우루스족 조각류보다 3개 더 많았고, 비교적 목이 길었다고 해요.

전체 길이는 12m

다른 부분은 하드로사우루스나 람베오사우루스족과 마찬가지로 턱은 먹이를 씹기 쉬운 형태였고 이빨이 많아서 대량의 식물을 먹을 수 있었답니다.

제2장
용반류

역사상 가장 강하고 가장 무서웠던 티라노사우루스,
전체 길이가 30m나 되던 슈퍼사우루스,
하늘을 날던 비룡 미크로랍토르 등 여러 친구들과
골반이 도마뱀 같았기 때문에 용반류라는 이름이 붙은 공룡들을 소개할게요.
육식 공룡부터 네 발로 다니는 가장 큰 공룡이 된 친구 42종과
새의 선조라고 불리는 친구 2종, 총 44종의 친구들이랍니다!

용반류의 정보

- 종류　　　용반류/용각형류, 용각류, 수각류, 원시 조류?
- 생존시대　삼첩기, 쥐라기, 백악기 등의 전기, 중기, 후기
- 전체 길이　단위는 m
- 살던 곳　　다양함
- 먹이　　　초식성이나 육식성
- 이름의 뜻　다양함

공룡의 선조격
에오랍토르

고기도 풀도 너무 좋아!

에오랍토르
Eoraptor

- **종류** 용반류/원시 용각형류
- **생존시대** 삼첩기 후기
- **전체 길이** 1m
- **살던 곳** 아르헨티나
- **먹이** 초식/육식성
- **이름의 뜻** 새벽의 도둑

'새끼발가락과 약지가 짧다'는 수각류의 특징도 있다!

전체 길이 1m. 앞다리가 뒷다리보다 짧아서 두 발로 걸었다는 걸 알 수 있어요. 또 고기를 뜯기에 적합한 날카로운 이빨과 식물을 씹기에 적합한 톱니 모양의 이빨이 있었어요. 육식 공룡은 용반류의 수각류뿐이에요. 이 에오랍토르도 원래는 수각류에 분류되어 있었답니다. 앞다리의 새끼발가락과 약지가 나머지 3개 발가락에 비해 작은 것도 수각류의 특징이에요. 참고로 나머지 3개 발가락에는 커다란 갈고리 같은 발톱이 있었어요.

하지만 그 후 학자들이 발가락의 엄지가 몸 안쪽으로 비틀려 있는 용각형류의 특징을 발견하고는 이 에오랍토르를 원시 용각형류로 분류했답니다. 다만 이 공룡은 매우 원시적이어서 정말 공룡인지조차 의심을 받았어요. 다양하게 진화한 공룡의 초기 단계에 있던, 지나치게 원시적인 공룡이었습니다.

삼첩기 후기에 등장

너무 원시적이어서 공룡이 맞나 의심받았던 공룡

삼첩기의 대형 초식 공룡
플라테오사우루스

플라테오사우루스는 삼첩기의 대형 초식 공룡이고 50개 이상의 화석이 발굴되었어요. 이 플라테오사우루스를 해부학적으로 깊게 살핀 연구도 있어요. 그 연구에 따르면 630kg의 중형 플라테오사우루스의 몸에서 가장 무거웠던 곳이 167kg인 위와 장이었고, 근육과 지방은 100kg으로 추정됩니다.
몸무게의 약 4분의 1 이상이 위와 장이었던 셈이에요.
몸 대부분이 먹이를 어떻게 먹을 것인지를 중심으로 이뤄져 있었답니다.
이 공룡의 이빨은 톱니 모양이었고 가장자리가 뾰족뾰족해서 식물을 뜯어 먹기에 편했어요. 또 많은 화석이 한꺼번에 발견된 것으로 보아 무리로 생활했던 듯합니다.
목과 꼬리가 긴 용각형류지만, 적이 오면 일어서서 갈고리처럼 날카로운 엄지발톱으로 맞서 싸웠을지도 몰라요.

사실 목이나 꼬리보다 가장 무거웠던 건 위와 장

마소스폰딜루스
새끼의 크기가 고작 15cm였다?!

톱니 같은 앞니로 단단한 식물을 뜯어냈다

음식을 잘 못 씹는 새끼를 위해 부모가 잘게 부순 먹이를 줬다?!

새끼를 키웠다

마소스폰딜루스
Massospondylus

- **종류** 용반류/원시 용각형류
- **생존시대** 쥐라기 전기
- **전체 길이** 4~5m
- **살던 곳** 남아프리카, 짐바브웨
- **먹이** 초식성
- **이름의 뜻** 튼튼한 척추

공룡도 조류나 악어류와 마찬가지로 알이 부화하는 걸 돕고 부화한 후에도 새끼를 돌봤을 것으로 보입니다. 이 마소스폰딜루스도 새끼를 키웠다는 것이죠.
마소스폰딜루스 새끼의 이빨은 스스로 음식을 씹을 수 없을 정도로 미숙했답니다. 그래서 부모가 먹던 것을 새끼에게 줬을 것으로 보고 있습니다. 알의 크기는 지름이 6cm 정도고 알에 든 새끼는 고작 15cm 정도였어요. 알이 비교적 작아서 암컷이 새끼를 키웠을 듯해요. 새끼일 때는 네 발로 걷지만 성체가 되면 두 발로 걸었습니다. 앞니는 단단한 식물을 뜯어낼 수 있도록 뾰족뾰족했답니다.

성체가 되면 두 발로 걸었다!

아시아에서 가장 큰 공룡
마멘치사우루스

목이 너무 길어서

튼실한 네 다리로 몸을 지탱했다

위로 들 수가 없다?!

목뼈는 19개나 있었다!

몸 절반을 차지하는 긴 목

전체 길이 22m의 거구를 자랑하는 마멘치사우루스. 그중에서 몸의 절반을 차지했던 것이 긴 목이에요. 목뼈는 보통 12~17개였는데 이 마멘치사우루스의 목뼈는 19개나 됐답니다. 머리뼈는 양쪽이 움푹 파였고 속이 비어서 가볍기는 했지만 안타깝게도 고개를 들 수는 없는 구조였답니다.

아시아에서 가장 큰 공룡이고, 공룡 화석이 많이 발견되는 중국의 중가르 분지에서 발견되었어요. 중가르 분지는 쥐라기 시대 공룡들에게는 천국 같은 곳이었다나 봐요.

마멘치사우루스는 용각류에 속하는 친구입니다. 이 용각류는 지구 역사상 가장 큰 육상동물이에요.

마멘치사우루스는 그 커다란 몸을 튼실한 4개 다리로 지탱했답니다.

마멘치사우루스
Mamenchisaurus

- **종류** 용반류/원시 용각류
- **생존시대** 쥐라기 후기
- **전체 길이** 22m
- **살던 곳** 중국
- **먹이** 초식성
- **이름의 뜻** 마먼시(중국의 지명)의 도마뱀

촉(쓰촨성)에서 발견된 공룡
슈노사우루스

다른 용각류와 비교해 길지는 않은 목

마멘치사우루스를 시작으로 용각류에 속하는 공룡 친구들은 목이 길지만
이 슈노사우루스는 비교적 목이 길지 않은(그렇다고 해도 짧지는 않아요) 공룡입니다.
그 대신 꼬리 끝에는 50cm에 달하는 뼈 곤봉이 있었고
그곳에는 가시 두 쌍이 달려 있었답니다.

가시 달린 곤봉으로 육식 공룡을 물리쳤다?!

꼬리에는 가시 두 쌍이 달린 뼈 곤봉이!

얼마 안 되는 원시 용각류

슈노사우루스
Shunosaurus

● 종류	용반류/원시 용각류
● 생존시대	쥐라기 중기
● 전체 길이	10m
● 살던 곳	중국
● 먹이	초식성
● 이름의 뜻	촉(발음은 슈, 중국 쓰촨성의 옛날 이름)의 도마뱀

육식 공룡 같은 적이 오면 이 꼬리를 휘둘러 물리쳤겠죠. 슈노사우루스의 전체 길이는 10m 정도고 완전한 머리뼈와 많은 골격이 발견되었습니다. 이름의 슈(Shu)는 촉, 중국 쓰촨성의 옛 이름이에요. '삼국지'에 나오는 '위촉오' 중 하나랍니다.

채찍처럼 휘어지는 꼬리
디플로도쿠스

적을 공격하는
꼬리의 속도는
초속 330m?!

작은 얼굴!

연필처럼 생긴 이빨

완전한 골격이 발견된 공룡 중에서는 디플로도쿠스가 가장 커요. 쥐라기 후기의 용각류랍니다. 전체 길이는 20~35m. 그 절반이 꼬리인데 길고 가늘게 뻗어 있었어요. 그 꼬리로 덤벼드는 육식 공룡을 채찍처럼 쳐서 무찔렀던 모양이에요. 이때 꼬리가 움직이는 속도가 초속 330m나 되었다는 계산도 있답니다. 그렇게 빠르다면 많은 육식 공룡이 찍소리도 못했겠죠.

목이 길고 부리에는 연필 모양의 이빨이 빗처럼 나란히 있었어요. 그걸로 나뭇가지나 잎, 열매를 뜯어내 먹었답니다. 또 땅에 있는 부드러운 양치식물을 먹었던 모양이에요. 다만 머리는 작았고 몸의 크기가 9m에 불과한 트리케라톱스 머리 길이의 절반도 안 되는 크기였답니다.

몸의 절반이 꼬리였다

디플로도쿠스
Diplodocus

- 종류　　　용반류/용각류
- 생존시대　쥐라기 후기
- 전체 길이　20~35m
- 살던 곳　　미국
- 먹이　　　초식성
- 이름의 뜻　두 개의 기둥

기묘하게 한 줄로 나란히 늘어선 이빨을 가진
니제르사우루스

백악기 전기에 살았던 용각류의 공룡입니다. 그 특징은 주둥이가 옆으로 길고 작은 이빨이 한 줄로 나란히 늘어서 있다는 것이에요. 한편 전체 골격 자체는 극단적으로 경쾌한 구조여서 머리가 더욱더 눈에 띄었지요. 그 기묘한 생김새 덕분에 일본 국립과학박물관에서 개최된 '2009년 공룡전'에서 소개된 후로 큰 반향을 일으켰어요. 이 공룡의 입은 아래쪽으로 향해 있어 땅에 있는 식물을 먹기에 적합했어요.

전체적으로 경쾌한 구조의 몸

땅에 있는 식물을 먹기 위해 진화한 청소기 같은 입!

또 머리와 목도 평소에는 아래로 향해 있는 구조였답니다. 이빨은 촘촘하고 많았으며, 예비 이빨을 포함해도 500개 이상 됐고 부드러운 식물을 먹었던 모양이에요.

평소에는 얼굴과 목을 아래로 숙이고 있다

이빨이 촘촘하고 많았음

니제르사우루스
Nigersaurus

- 종류: 용반류/용각류
- 생존시대: 백악기 전기
- 전체 길이: 9m
- 살던 곳: 아프리카 니제르
- 먹이: 초식성
- 이름의 뜻: 니제르(지명)의 도마뱀

지느러미처럼 생긴 날카로운 가시
아마르가사우루스

아마르가사우루스
Amargasaurus

중형 용각류

- ●종류　　　용반류/용각류
- ●생존시대　백악기 전기
- ●전체 길이　9m
- ●살던 곳　　아르헨티나
- ●먹이　　　초식성
- ●이름의 뜻　아마르가(아르헨티나의 지명)의 도마뱀

가시는 두 줄로 되어 있지만 실은 힘이 없는 돌기였다!

온도 조절용? 경고용?
아니면 장식?

목부터 가시가 줄줄이

목부터 꼬리까지 가시처럼 생긴 돌기가 있었습니다. 특히 목 위의 돌기는 가늘고 길어서 부러지기 쉬웠어요. 그래서 육식 공룡으로부터 몸을 보호하는 데 쓴 게 아니라, 그냥 피부막을 돛처럼 펼치고 있었던 것으로 보입니다. 아마르가사우루스는 용각류로, 따뜻했던 백악기 시대에서도 무척이나 따뜻한 곳에서 살았습니다. 그래서 이 돛은 몸의 열기를 내보내 주는 온도조절 역할을 하지 않았을까 하는 이야기가 있어요. 또 장식으로서 무리 내 공룡들을 구분하는 데 썼을지도 모르고요. 어쩌면 접근하는 육식 공룡이나 가시를 흔들어 큰 소리를 내며 적들에게 경고했을 수도 있겠죠.

짧은 목으로 살길을 찾았다?!
디크라에오사우루스

쥐라기 후기에 살았던 용각류 공룡이에요. 용각류치고는 목이 짧아요. 화석은 아프리카 탄자니아에서 발굴되었습니다. 같은 시기 같은 곳에서는 키가 큰 같은 용각류의 브라키오사우루스가 살고 있었어요.
브라키오사우루스는 전체 길이가 25m였고 앞다리가 뒷다리처럼 길며 고개를 높게 들 수 있었어요. 한편 디크라에오사우루스는 전체 길이가 13~20m였고 구조상 머리를 높게 들 수 없었던 모양이에요.
그래서 이 용각류 공룡들은 먹을 수 있는 먹이를

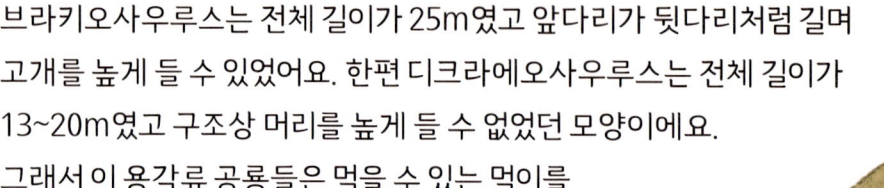

비교적 긴 꼬리

디크라에오사우루스
Dicraeosaurus

- 종류　　　　용반류/용각류
- 생존시대　　쥐라기 후기
- 전체 길이　　13~20m
- 살던 곳　　　탄자니아
- 먹이　　　　초식성
- 이름의 뜻　　두 갈래로 나뉜 도마뱀

높이 별로 나눠 먹었을 것으로 보고 있어요.
즉, 브라키오사우루스는 더 높은 곳에 있는 식물을, 디크라에오사우루스는 낮은 곳이나 땅에 있는 식물을 먹었을 것으로 보고 있습니다.

목이 긴 초식 공룡들과 음식물을 나눠 먹으며 함께 살고 번영했다?!

머리를 높이 들 수 없었다

낮은 위치에 있는 식물을 먹었다?!

33m의 거대공룡
슈퍼사우루스

너무 거대해져서
무더운 날에는
바싹 말라버렸다?!

슈퍼사우루스
Supersaurus

- 종류　　　　용반류/용각류
- 생존시대　　쥐라기 후기
- 전체 길이　　33m
- 살던 곳　　　미국
- 먹이　　　　초식성
- 이름의 뜻　　거대한 도마뱀

전체 길이가 33m인 거대 공룡이에요. 목의 길이는 12m고 하루 식사량은 500kg이나 되었답니다. 이렇게 덩치가 크니 육식 공룡도 덤벼들 수 없었다나 봐요. 덩치를 키워 생존경쟁에서 살아남은 셈이죠. 하지만 몸이 너무 커서 더운 날에는 내보내지 못한 열기 때문에 체온이 지나치게 올라가 곤란하기도 했다고 해요.

목의 길이는 12m

조류처럼 '공기 주머니'가 있었던 걸까?!

현수교 같은 구조로 몸을 지탱했다?!

이런 거대한 몸을 지탱했던 건 목과 등뼈, 꼬리를 가로지르는 강인한 인대였어요. 이것 덕분에 현수교처럼 목과 꼬리를 들어 올릴 수 있었죠. 또 뼈에 구멍이 있는데 이건 조류의 '공기 주머니'가 아닐까 하는 의견이 있습니다. '공기 주머니'는 거대한 몸을 가볍게 해주면서 동시에 공룡이 살던 저산소 시대에서도 생존이 가능하게 해주는 호흡기관이었답니다.

6.2m밖에 안 되는 용각류
에우로파사우루스

몸집은 작아서 새끼는 전체 길이가 1.7m였다

코 위의 혹이 특징

작은 섬에서 살아남기 위해 작아졌다?!

33m인 슈퍼사우루스, 40m의 아르젠티노사우루스에 비교하면 꽤 작은 용각류인 공룡이 바로 이 에우로파사우루스예요. 성체가 6.2m고 새끼는 1.7m밖에 안 됐답니다. 이름에 유럽(Europa)이 들어가는 것처럼 이 공룡은 유럽에서 발견되었어요. 쥐라기 후기의 유럽은 여러 개의 작은 섬으로 나뉘어 있어 먹이가 되는 식물의 양이 한정되어 있었죠. 그래서 그런 환경에서 살아남기 위해 몸집을 작게 유지했을 것으로 보고 있습니다. 슈퍼사우루스나 아르젠티노사우루스가 덩치를 키워 육식 공룡에게서 몸을 지킨 것과는 정반대죠. 몸을 작게 유지해 얼마 안 되는 먹이로 버티며 살아남은 게 바로 이 에우로파사우루스랍니다.

유럽에서 발견됨

에우로파사우루스
Europasaurus

● 종류	용반류/용각류
● 생존시대	쥐라기 후기
● 전체 길이	6.2m
● 살던 곳	독일
● 먹이	초식성
● 이름의 뜻	유럽의 도마뱀

육상동물 중에서도 역사상 가장 큰
아르젠티노사우루스

40m에 달하는 역사상 가장 큰 공룡이고 용각류입니다. 다만 전체 골격이 발견된 건 아니에요. 척추뼈와 갈비뼈 등만 발견되었지만 그 척추뼈 크기가 약 1.6m나 되었고 다른 공룡과 비교하면 역사상 가장 큽니다.

그걸 보면 무게가 80톤이 됐을 것이라는 설도 있어요. 하지만 이렇게 무겁다면 너무 높은 체온이 몸을 구성하고 있는 단백질을 파괴하기 때문에 생존할 수 없었을 것이다, 애초에 너무 무거워서 몸을 지탱할 수 없었을 것이다라는 설도 있습니다. 그래서 지금으로서는 몸무게가 확실히 밝혀지지 않았어요. 아르젠티노사우루스는 대형 육식 공룡인 마푸사우루스와 같은 시기, 같은 곳에서 함께 살았습니다. 둘이 싸우진 않았을까요?

공룡시대가 끝날 때까지 계속해서 번영했다

이웃나라에서 발견된 용각류
탐바티타니스

애칭은 '단바 용' 두 지구과학 애호가가 발견했다!

크기는
전체 길이 15m 정도

탐바티타니스
Tambatitanis

- ●종류   용반류/용각류
- ●생존시대   백악기 전기
- ●전체 길이 12~15m
- ●살던 곳   일본
- ●먹이   초식성
- ●이름의 뜻 단바(일본의 지명)의 거인(여신)

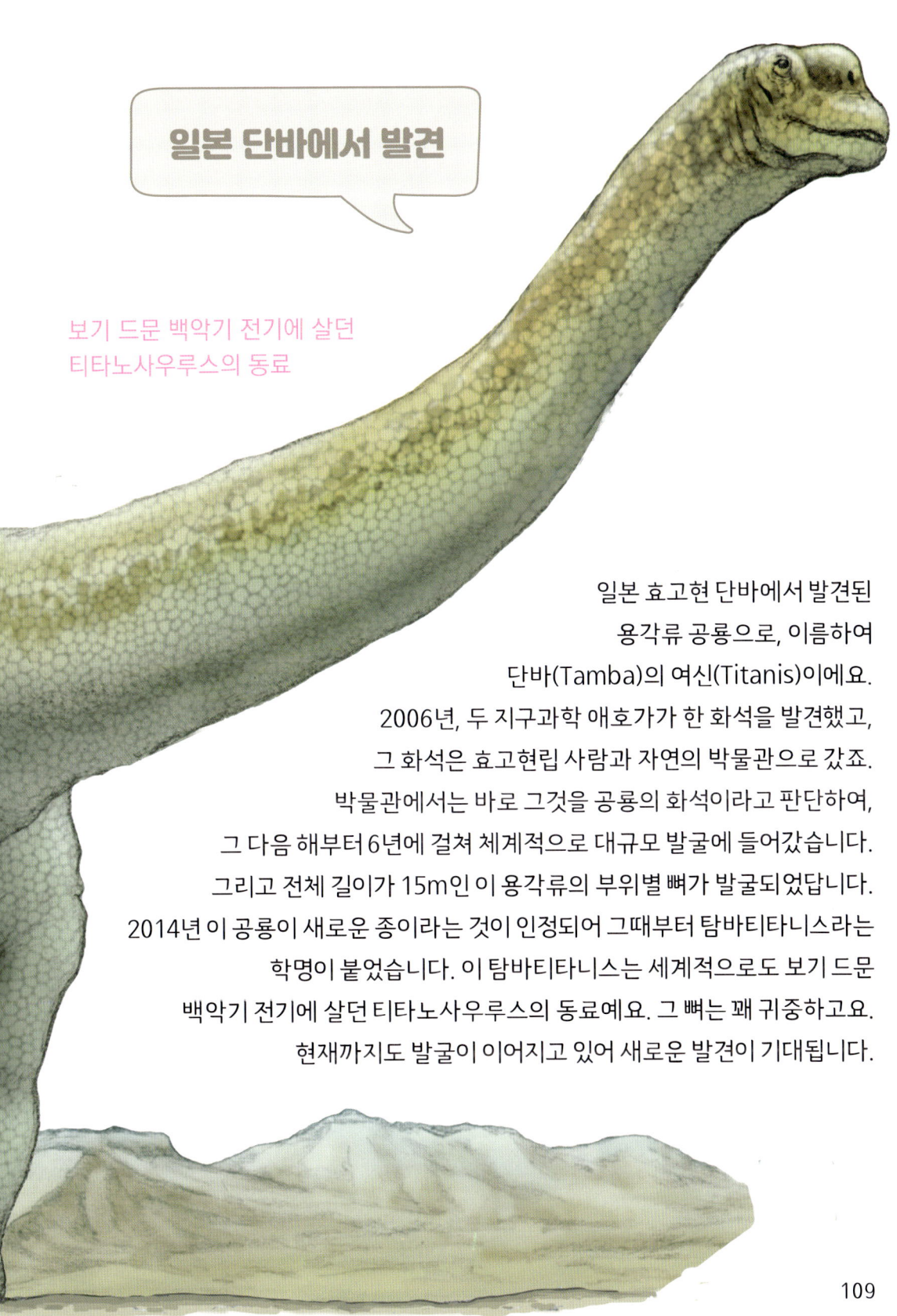

> 일본 단바에서 발견

**보기 드문 백악기 전기에 살던
티타노사우루스의 동료**

일본 효고현 단바에서 발견된
용각류 공룡으로, 이름하여
단바(Tamba)의 여신(Titanis)이에요.
2006년, 두 지구과학 애호가가 한 화석을 발견했고,
그 화석은 효고현립 사람과 자연의 박물관으로 갔죠.
박물관에서는 바로 그것을 공룡의 화석이라고 판단하여,
그 다음 해부터 6년에 걸쳐 체계적으로 대규모 발굴에 들어갔습니다.
그리고 전체 길이가 15m인 이 용각류의 부위별 뼈가 발굴되었답니다.
2014년 이 공룡이 새로운 종이라는 것이 인정되어 그때부터 탐바티타니스라는
학명이 붙었습니다. 이 탐바티타니스는 세계적으로도 보기 드문
백악기 전기에 살던 티타노사우루스의 동료예요. 그 뼈는 꽤 귀중하고요.
현재까지도 발굴이 이어지고 있어 새로운 발견이 기대됩니다.

덩치를 키우는 것만이 방어는 아니다
살타사우루스

용각류인 티타노사우루스류에는
몸집이 커지는 공룡도 많았지만
등에 뼈로 된 갑옷을 지닌 공룡도 있었어요.
그 대표적인 공룡이 바로 살타사우루스입니다.
이 공룡은 피부가 진화한 뼈 갑옷이 있었죠.
등이 커다란 골판으로 울퉁불퉁하게
덮여 있었답니다. 아르젠티노사우루스 같은
거대화한 용각류는 덩치를 키워서
육식 공룡에게서 몸을 보호했지만, 살타사우루스는
전체 길이가 12m 정도로 그렇게 크지 않았어요.
이 공룡은 등에 두른 갑옷으로 몸을 지켰을 것으로 보입니다.
살타사우루스의 다리는 짧았고 몸통은 통처럼 폭이 넓었어요.
이건 티타노사우루스류에서 자주 보이는 특성이랍니다.

살타사우루스
Saltasaurus

- 종류　　　용반류/용각류
- 생존시대　백악기 후기
- 전체 길이　12m
- 살던 곳　　아르헨티나
- 먹이　　　초식성
- 이름의 뜻　살타(아르헨티나의 지명)의 도마뱀

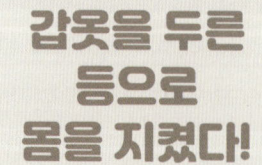

갑옷을 두른 등으로 몸을 지켰다!

육식 공룡의 선조격
에오드로마이우스

톱 같은 이빨

에오드로마이우스
Eodromaeus

- 종류　　용반류/원시 수각류
- 생존시대　삼첩기 후기
- 전체 길이　1.2m
- 살던 곳　아르헨티나
- 먹이　　육식성
- 이름의 뜻　새벽의 질주자

가느다란 발가락과 날카로운 발톱

2011년에 이름을 얻은 수각류 공룡이에요. 아르헨티나의 삼첩기 후기 지층에서 발견된 초기 공룡입니다. 육식 공룡인 흉포한 티라노사우루스 등의 선조격이에요.
전체 길이는 1.2m 정도였고 키는 성인 무릎 높이 정도밖에 안 됐어요. 조금 큰 개와 비슷한 크기죠. 하지만 두 발로 걸었고 그 속도가 시속 30km 정도 됐을 것으로 보여요. 이름인 에오드로마이우스는 '새벽의 질주자'라는 뜻입니다. 이 새벽이란 공룡시대의 새벽, 초기를 뜻해요. 톱 같은 이빨이 있었고 발가락은 5개였으며 새끼발가락과 약지는 짧지만 나머지 발가락에는 길고 날카로운 발톱이 달려 있었어요. 이걸로 상대에게 덤벼든 거죠. 꼬리도 몹시 단단했던 모양이에요.

단단한 꼬리

크기는 개 정도이지만 매우 흉포하고 빨랐다?!

빠른 다리와 뾰족뾰족한 이빨을 지닌
코엘로피시스

미국 뉴멕시코주에서 500마리에 달하는 화석이 발견된 코엘로피시스. 화석은 각각 따로 발견된 게 아니라 이어진 상태로 발견되었어요. 갑작스러운 대홍수에 한꺼번에 많은 공룡이 빠져 죽은 채로 휩쓸린 게 아닐까 추측하고 있답니다.

500마리의 화석이 한꺼번에 발견될 정도면 코엘로피시스는 집단으로 생활했을 것으로 보여요. 날씬한 체격에 뒷다리는 새끼발가락과 엄지가 퇴화하여 발가락 3개로 땅에 서 있었어요. 이렇게 땅에 닿는 발가락 수가 줄어드는 건 빠르게 달리는 동물의 특징이랍니다. 달리는 속도가 빨랐을 것으로 보여요.

다리가 빨랐다?! 발가락은 3개

목도 길고 자유롭게 움직여 빠르게 사냥감을 잡았다나 봐요. 길고 가느다란 입과 칼처럼 뾰족뾰족한 이빨로 보아 작은 동물을 잡아먹고 살았겠죠.

코엘로피시스
Coelophysis

- 종류: 용반류/원시 수각류
- 생존시대: 삼첩기 후기~쥐라기 전기
- 전체 길이: 3m
- 살던 곳: 미국
- 먹이: 육식성
- 이름의 뜻: 빈 형태

대홍수에 휩쓸렸다?!
500개의 화석이 한꺼번에 발견!

머리는 크고 가늘며 눈이 크다

무리 지어 생활했다?!

몸은 가볍고 날렵했다!
딜로포사우루스

코부터 정수리까지 2장의 볏이 있었어요. 그래서 이름도 두(di) 볏(lopho)이 있는 도마뱀(sauros)이에요.
이 볏에는 공기 주머니가 있어서 부풀리거나 쪼그라들게 할 수 있었나 봐요.
그걸로 무리의 다른 공룡들과 성별을 구분했을 것으로 보여요.
어쩌면 암컷에게 매력을 발산하는 용도였을지도 모르고요.

이 공룡은 미국과 중국에서 발견되고 있습니다.
몸은 가벼웠고, 그래서인지 빠르게 달릴 수 있었어요.
시속은 40km 정도였을 것으로 보입니다.
한편 멈춰 서 있을 때는 허리를 내리고 앞다리를 땅에 붙인 상태로
쉬었다는 것이 밝혀졌습니다.
육식을 했고, 이빨이 가늘어
물고기도 먹었다고 하네요.

앞니 끝은 굽어 있었다
마시아카사우루스

2m 정도밖에 안 되는 소형 수각류지만, 특징은 뭐니 뭐니 해도 돌출된 앞니. 양쪽 턱 모두 앞니가 밖으로 튀어나와 있었어요. 그리고 그 이빨 끝은 살짝 굽어 있어서 작은 동물이나 물고기 등의 사냥감을 잘 잡아채는 구조였답니다. 그래서 물고기 등을 사냥했을 것으로 보고 있어요. 수각류인 케라토사우루스의 동료였고, 마지막 공룡시대인 백악기 후기에 살았습니다. 마시아카사우루스의 입 안쪽에는 다른 수각류와 마찬가지로 칼처럼 날카로운 이빨이 나란히 있었어요. 체격은 조금 날씬했을 것으로 보고 있습니다. 발견된 곳은 아프리카의 마다가스카르섬이에요. 이름인 마시아카는 마다가스카르 말로 사나움, 나쁨을 뜻해요.

마시아카사우루스
Masiakasaurus

- **종류**: 용반류/수각류
- **생존시대**: 백악기 후기
- **전체 길이**: 2m
- **살던 곳**: 마다가스카르
- **먹이**: 육식성
- **이름의 뜻**: 나쁜 도마뱀

물고기를 잡기 위해 진화?!
툭 튀어나온 앞니로 물고기를 포획!

주식은 물고기?!

뿔은 있어도 강하진 않은!
카르노타우루스

카르노타우루스는 머리가 가로보다 세로로 길고, 양쪽 눈 위에 뿔이 있었어요. 수각류인 케라토사우루스류 중에는 이렇게 머리에 뿔이나 돌기가 있는 공룡이 많았어요. 머리의 뿔로 싸우는 일도 있었던 모양이에요.
하지만 전체 길이가 8m였음에도 불구하고 앞다리는 매우 짧아서 50cm 정도밖에 안 됐어요. 그래서 싸우기에 적합하지 않았다나 봐요.

케라토사우루스류 중에는
앞다리가 짧은 공룡도 많은데, 교미할 때 상대를 자극하기 위해서 썼을 것이라고 보기도 한답니다. 또 튼튼한 턱으로 초식 공룡을 잡아먹었던 모양이에요.
이 공룡은 아르헨티나의 남부 파타고니아에서 발견되었는데
이 지역에서는 가장 큰 대형 육식 공룡이었어요.

언뜻 보기에는 무섭게 생겼지만 팔이 짧아 싸울 때는 약했다?!

그렇게 굵지 않은 뒷다리

가장 큰 육식 공룡
스피노사우루스

스피노사우루스
Spinosaurus

- 종류　　　용반류/수각류
- 생존시대　백악기 후기
- 전체 길이　18m
- 살던 곳　　이집트, 모로코
- 먹이　　　육식성
- 이름의 뜻　가시 도마뱀

길고 강한 위턱 끝에는 작은 구멍이 있었고 그것으로 수압 변화를 감지해 물고기를 찾았던 모양이에요. 턱에는 원뿔형 이빨이 나란히 있었어요. 이 이빨로 물고기를 단단히 물었겠죠. 스피노사우루스과는 긴 턱과 커다란 발톱, 강한 앞다리가 특징이에요.

높게 치솟은 등의 돛

스피노사우루스의 등은 돛처럼 피부로 덮인 뼈 돌기가 있었고, 그 높이가 1.7m나 됐어요. 이 돛은 체온 조절이나 암컷에게 구애하는 데 쓰였을 것으로 보여요.

최근 연구에 따르면 스피노사우루스의 몸은 지금까지 생각했던 것보다 물속을 다니기에 적합했고, 뒷다리에 물갈퀴가 있지 않았을까 하는 이야기가 있습니다. 어쩌면 꼬리를 지느러미처럼 이용해 물속을 자유자재로 헤엄쳤을지도 몰라요.

몸집은 티라노사우루스보다 크며 강한 앞다리와 턱이 있는 수륙양용 공룡

지느러미처럼 자유자재로 움직이는 꼬리

길고 강한 턱 끝에는 물고기 탐지기가 있었다!

강적은 슈퍼 악어
수코미무스

백악기 당시, 육지는 공룡의 왕국이었지만 물속은 파충류가 거의 지배하고 있었어요. 그 속에는 거대 악어인 사르코수쿠스도 있었어요. 수코미무스는 스피노사우루스과인 육식 공룡이며 등에 돛이 있었어요. 주식은 물고기였다나 봐요.

수코미무스는 턱이 길고 이빨이 100개나 돼서 생김새가 악어와 비슷했어요. 그래서 애초에 이름 자체도 악어를 닮았다는 뜻이에요.

거대 악어인 사르코수쿠스의 크기는 12m. 한편 수코미무스는 11m였어요. 둘 다 어디 내놔도 뒤지지 않을 크기였죠.

수코미무스는 그 긴 턱으로 사냥감을 잡았어요. 하지만 물속은 악어의 천하. 아무리 수코미무스의 턱이 강하더라도 그건 육지일 때 얘기죠. 잡은 물고기를 물속에서 악어가 가로채면 끽소리도 못했다나 봐요.

수코미무스
Suchomimus

- 종류　　　용반류/수각류
- 생존시대　백악기 전기
- 전체 길이　11m
- 살던 곳　　니제르
- 먹이　　　육식성
- 이름의 뜻　악어를 닮다

슈퍼 악어인 사르코수쿠스는 천적?!

거대 악어와 물고기를 두고 크게 싸웠다?!

등에는 조금 낮은 돛이

긴 턱에는 100개의 이빨이!

백악기 후기에 살았던!
마푸사우루스

백악기 후기에 살았던 알로사우루스류의 육식 공룡입니다. 기가노토사우루스만큼 크지는 않지만 그래도 전체 길이가 10m는 됐어요.

이 마푸사우루스는 대형 육식 공룡이지만 집단으로 사냥했을 가능성이 있어요. 발견된 곳은 아르헨티나 중부지만 그곳에서는 성장 단계에 있던 다른 7마리가 같은 곳에서 발견되었어요. 같은 곳에서 대형 육식 공룡이 여럿 발견된 것도 굉장히 드문 일이랍니다.

가족끼리 무리를 지어 사냥하며 생활했겠죠.

성체가 될 때까지는 마푸사우루스가 날씬하고 활동적이었던 듯한데 성체가 되면 그렇게 날렵하지 않았다나 봐요.

칼처럼 날카로운 이빨로
사냥감을 덮쳤답니다.

칼처럼 날카로운 이빨

마푸사우루스
Mapusaurus

- **종류** 용반류/수각류
- **생존시대** 백악기 후기
- **전체 길이** 10m
- **살던 곳** 아르헨티나
- **먹이** 육식성
- **이름의 뜻** 대지의 도마뱀

거대한 육식 공룡
카르카로돈토사우루스

강력한 턱으로 대형 초식 공룡을 포식, 아무렇지 않게 가로채기도 한 공룡

티라노사우루스 못지않게
거대한 육식 공룡!

티라노사우루스 못지않게 거대한 육식 공룡으로 알로사우루스류랍니다.
'카르카로돈토'는 그리스어로 끝이 뾰족뾰족한(karcharos) 이빨(odonto)을 뜻합니다. 위아래로 커다란 머리가 특징이며 턱에는 강력한 이빨이 나란히 있었어요. 이빨은 티라노사우루스처럼 뼈까지 부술 만큼 단단하지는 않았던 듯하지만, 살점은 확실하게 뜯을 수 있는 톱니 같은 이빨이었어요.
티라노사우루스처럼 앞다리가 지나치게 짧지도 않았고, 알로사우루스만 한 앞다리가 있었어요. 머리는 컸지만 뇌 크기는 그렇게 크지 않고 다른 수각류와 비슷한 정도였어요. 사냥감은 대형 초식 공룡. 남의 사냥감을 가로채기도 했나 봐요. 자신보다 큰 사냥감에게 큰 상처를 입혀 죽인 후 포획했겠죠.

위아래로 거대한 머리

강력한 이빨로 사냥감을 크게 다치게 했다!

카르카로돈토사우루스
Carcharodontosaurus

- 종류　　　용반류/수각류
- 생존시대　백악기 중기
- 전체 길이　12m
- 살던 곳　　이집트, 모로코, 튀니지 등
- 먹이　　　육식성
- 이름의 뜻　백상아리의 이빨을 가진 도마뱀

쥐라기에서 가장 강한 육식 공룡
알로사우루스

양쪽 눈 위에 혹이 있음

날카로운 발톱

스테고사우루스에게 찔린 흔적이 있음
사투를 반복해온 두 호각?!

쥐라기에서 가장 강한 육식 공룡 알로사우루스. 그러나 그 화석에는 스테고사우루스에게 찔린 흔적이 남아 있었답니다. 알로사우루스와 초식 공룡인 스테고사우루스는 호각으로 쥐라기 시대에서 가장 요란하게 사투를 벌여왔을지도 몰라요. 스테고사우루스가 몸을 보호하는 무기는 꼬리의 단단한 가시였죠. 알로사우루스는 커다란 뇌와 강인한 턱, 목이 있었고 이빨은 뾰족뾰족한 칼 같아서 사냥감을 붙들고 피부를 물어뜯었어요. 게다가 목 힘으로 사냥감의 살점을 뜯어냈다나 봐요. 상대는 그로 인한 쇼크와 엄청난 출혈로 꼼짝도 못 했고요. 다만 이빨은 뼈를 부술 정도로 강하진 않았다고 해요. 앞다리로 물건을 잡을 수 있었고 날카로운 발톱을 무기로 썼습니다.

강력한 턱과 날카롭고 톱니 같은 이빨

알로사우루스
Allosaurus

- 종류: 용반류/수각류
- 생존시대: 쥐라기 후기
- 전체 길이: 8~12m
- 살던 곳: 미국, 포르투갈, 탄자니아
- 먹이: 육식성
- 이름의 뜻: 다른 도마뱀

등에 지느러미를 가진 육식 공룡
아크로칸토사우루스

백악기 중기에 북아메리카 대륙에서 살던 육식 공룡이에요. 크기는 12m고 당시 북아메리카 대륙에서는 가장 큰 육식 공룡이었어요.

목부터 꼬리까지 지느러미 같은 돌기가 있었답니다. 이름의 뜻도 아주 높은(akros) 돌기(akantha)를 가진 도마뱀(sauros)이에요. 이 지느러미는 지느러미가 있는 다른 공룡과 마찬가지로 온도조절기로 썼을 것으로 보고 있어요.

돌기 주변의 근육은 잘 발달되어 있었답니다. 뒷다리도 튼튼했다나 봐요. 위아래 턱에는 안쪽으로 굽은 뾰족뾰족한 이빨이 나 있었어요. 또 텍사스주에서 발견된 발자국을 통해 용각류 공룡을 아크로칸토사우루스 4마리가 추격한 흔적을 찾았어요. 집단으로 사냥을 했다는 뜻일까요?

아크로칸토사우루스
Acrocanthosaurus

- ●종류　　　용반류/수각류
- ●생존시대　백악기 중기
- ●전체 길이　12m
- ●살던 곳　　미국
- ●먹이　　　육식성
- ●이름의 뜻　높은 돌기를 가진 도마뱀

등의 혹은 무엇을 위한 것이었을까?
콘카베나토르

혹은 에너지를 충전하기 위한 것?
아니면 이성에게 하는 어필?

콘카베나토르
Concavenator

- 종류　　　용반류/수각류
- 생존시대　백악기 전기
- 전체 길이　6m
- 살던 곳　　스페인
- 먹이　　　육식성
- 이름의 뜻　쿠엔카(스페인의 지명)의 등에 혹이 있는 사냥꾼

백악기 전기에 살았던 전체 길이 6m인 알로사우루스류예요. 스페인 쿠엔카의 지층에서 발견되었답니다.
이 공룡에게는 등의 아래 부분에 산처럼 볼록한 혹이 있어요. 등으로 솟은 신경 돌기인데, 대체 무엇 때문에 있었는지 아직 밝혀지지 않았어요.

에너지를 모아두는 배터리였다는 설도 있지만 정확하지는 않아요. 다른 공룡의 돌기처럼 체온조절에 쓰였거나 이성에게 어필하기 위한 장식이었을 가능성도 있어요.
또 이 콘카베나토르에게는 앞다리 뼈에 새처럼 작은 혹이 있었어요. 새 같은 경우 그곳이 날개의 흔적이었을 것으로 보기 때문에, 마찬가지로 콘카베나토르에게도 깃털이 있었을 수 있다는 지적이 있답니다.

등의 혹이 가장 큰 특징

깃털이 있었을 수도 있다

전체 길이는 6m 정도

머리에 볏 모양 돌기가 있었던
구안룡

벗이 성장하면서 커졌다

볏은 얇고 힘이 없었다

티라노사우루스보다 긴 앞다리

구안룡
Guanlong

- ●종류　　　용반류/수각류
- ●생존시대　쥐라기 후기
- ●전체 길이　3m
- ●살던 곳　　중국
- ●먹이　　　육식성
- ●이름의 뜻　관을 쓴 용

티라노사우루스의 선조?!
몸에 깃털이 나 있었다!

쥐라기 후기에 살았던 원시적인 티라노사우루스류예요. 몸에는 깃털이 있었을 것으로 보입니다. 깃털이 달린 공룡 디롱에 가깝지만 그것보다 더 오래 전에 살았어요. 가장 큰 특징은 머리에 달린 볏 모양 돌기예요. 이 볏은 얇고 힘이 없었기 때문에 무기로는 도움이 안 됐을 것으로 보여요. 이성에게 어필하기 위한 것이었겠죠. 발굴된 화석으로 보아 성장하면서 커진 듯합니다. 이름인 구안롱도 이 볏에서 비롯되었고, 관을 쓴 용이라는 뜻의 중국어예요. 구안롱은 티라노사우루스류지만 앞다리는 티라노사우루스와 비교해 상대적으로 길었다고 합니다. 독특한 모양의 발가락도 3개 있었어요.

날씬한 티라노사우루스
알베르토사우루스

티라노사우루스를 작게 줄이고 날씬하게 만든 듯한 공룡이 이 알베르토사우루스입니다. 날씬한 체형으로 보아 달리는 속도도 빨랐을 것으로 보여요. 속도는 시속 30km 정도였어요. 앞다리는 짧고 발가락은 2개였는데, 이 앞다리는 어디 썼는지 알 수가 없어요. 상대를 붙들기에는 너무 짧거든요. 알베르토사우루스의 화석이 한곳에서 12개나 발견된 것으로 보아 집단으로 생활했을 듯합니다. 사냥도 집단으로 했을 가능성이 있어요.
또 알베르토사우루스의 이빨은 강하기만한 게 아니라 잡아먹히는 사냥감이 날뛰어서 이빨이 부러져도 아래에 다음 이빨이 준비되어 있었어요. 그래서 이 공룡에게 한번 물리면 아무리 기를 써도 도망칠 수 없었다나 봐요.

알베르토사우루스
Albertosaurus

- **종류** 용반류/수각류
- **생존시대** 백악기 후기
- **전체 길이** 9m
- **살던 곳** 캐나다, 미국
- **먹이** 육식성
- **이름의 뜻** 앨버타(캐나다의 지명)의 도마뱀

먹이를 먹다 이빨이 부러져도 바로 다음 이빨이 준비하고 있었다?!

짧은 앞다리는 어디에 썼는지 알 수 없음!

가장 강하고 가장 무서운 육식 공룡
티라노사우루스

육식 공룡 중에서 가장 강하고 가장 무서운 공룡은 바로 이 티라노사우루스입니다.
티라노는 폭군을 뜻하는 말인데,
그야말로 북아메리카의 폭군이나 다름없는 공룡이었어요.
특징은 강력한 턱과 이빨. 쥐라기의 육식 공룡 알로사우루스의
이빨은 다소 가늘어서 뼈까지 부술 수는 없었지만,
티라노사우루스는 턱의 힘이 세고 이빨이 굵직해서 사냥감의
뼈까지 부술 수 있었어요.
티라노사우루스는 앞다리가 짧고 뇌도 더 크게
발달해 있었어요. 그래서 시각이나 청각도
뛰어났고 작은 무리를 지어 다녔다는
말도 있답니다. 또 새끼일 때는 깃털이
있었을 것이라고도 보고 있어요.

시각도 청각도 뛰어났다

뇌가 발달해 물건을 입체로 볼 수 있었다!

지능도 높아서 강력한 턱으로 사냥감의 뼈까지 씹어버렸다?!

매우 짧은 앞다리

티라노사우루스
Tyrannosaurus

- 종류　　　용반류/수각류
- 생존시대　백악기 후기
- 전체 길이　12~13m
- 살던 곳　　캐나다, 미국
- 먹이　　　육식성
- 이름의 뜻　폭군 도마뱀

[새처럼 생긴 가장 날쌘 공룡
오르니토미무스]

누구보다 빠른 속도는 육식 공룡을 피하기 위한 것이었다?!

타조처럼 긴 목과 긴 다리

앞다리에는 날 수 없는 날개가 있었다!

부리는
초식 공룡이었다는
증거!

타조처럼 작은 머리와 긴 목, 그리고 긴 뒷다리가 있는 오르니토미무스. 그 긴 다리로 꽤 빨리 달릴 수 있어 공룡 중에서 가장 빨랐다고 합니다. 이름도 새(ornitho)와 닮았다(mimos)예요. 딱 현재의 타조처럼 날개는 있었지만 날 수는 없었을 것으로 보고 있어요. 날개는 새끼에게는 없었으며 그냥 몸을 데우는 깃털만 있었어요. 날개는 성체가 되면 생긴답니다. 그래서 날개는 나는 용도가 아니라 암컷에게 어필하거나 알을 데우는 데 썼을 것으로 보고 있어요. 이 공룡은 부리가 있는 초식 공룡이었다나 봐요. 그래서 육식 공룡에게서 도망치기 위해 빠른 다리를 갖게 됐을 것으로 보고 있답니다.

오르니토미무스
Ornithomimus

- **종류** 용반류/수각류
- **생존시대** 백악기 후기
- **전체 길이** 3.8~4.8m
- **살던 곳** 캐나다, 미국
- **먹이** 초식성
- **이름의 뜻** 새를 닮다

큼직한 손을 지닌 수수께끼의 공룡?!
데이노케이루스

오랫동안 거대한 손이 있다는 것 말고는 수수께끼에 싸여 있던 공룡이었지만 최근 발굴을 통해 겨우 그 정체가 밝혀졌어요. 등에는 커다란 돛이 있고 턱끝은 납작한 부리로 되어 있었으며 앞다리에는 날개가 달렸을 가능성이 있어요.
등의 돛은 다른 공룡과 마찬가지로 체온을 조절하거나 암컷에게 어필할 때 썼겠죠.
납작한 부리로 물고기를 사냥하거나 식물을 먹었답니다. 잡식성이었다나 봐요.
위에서는 1,000개가 넘는 돌이 발견되었는데 그게 식물의 소화를 도왔다나 봐요.
돌이 있으면 식물이 위 속에서 쓸려서 소화하기가 쉬워지거든요.
또 위에서는 물고기의 비늘이나 뼈도 발견되었어요.
몸에는 깃털이 나 있었고요.
앞다리는 길었고 긴 발톱도 있었답니다.

데이노케이루스
Deinocheirus

- **종류**　　용반류/수각류
- **생존시대**　백악기 후기
- **전체 길이**　11m
- **살던 곳**　몽골
- **먹이**　　초식/육식성
- **이름의 뜻**　무시무시한 손

수수께끼가 풀렸다!
납작한 부리를 지닌 잡식성 수각류

등에는 커다란 돛이 있음!

날개가 달린 거대한 손

납작한 부리!

큰 낫이 있던 공룡
테리지노사우루스

큰 낫(therizo) 도마뱀(sauros)이라는 이름이 붙은 수각류 공룡이에요.
애초에 발견된 것이 2.5m에 달하는 긴 앞다리와 커다란 발톱밖에 없어
큰 낫이라고 할 수밖에 없었겠죠.
이 거대한 발톱은 90cm나 됐답니다.
발견된 것은 팔뿐이라서 아직 의문점이 많은 공룡이에요.
거대한 발톱도 어디에 썼는지 알 수 없답니다.
테리지노사우루스는 전체 길이가 11m인 대형 초식 공룡이었을 것으로 보여요.
발견된 곳은 몽골입니다. 테리지노사우루스가 살았던 시대,
아시아에서는 각룡인 트리케라톱스 같은 대형 초식 공룡은 발견하지 못했어요.
이 시대의 아시아에서는 대형 초식 공룡의 대부분이 수각류였겠죠.

테리지노사우루스
Therizinosaurus

- ● 종류   용반류/수각류
- ● 생존시대   백악기 후기
- ● 전체 길이   8~11m
- ● 살던 곳   몽골
- ● 먹이   초식성
- ● 이름의 뜻 큰 낫 도마뱀

발톱이 곧 앞다리!
모노니쿠스

앞다리가 발톱이라는 점이 가장 큰 특징인데, 이 짧은 앞다리는 흙을 파기에 알맞았어요. 무엇을 먹고살았는지는 확실하지 않지만 흰개미를 먹었을 것이라는 설이 있습니다. 앞다리로 흰개미 굴을 부순 다음 기어나오는 흰개미들을 먹었다나 봐요. 모노니쿠스는 알바레즈사우루스과입니다. 이 과는 발톱과 길고 가는 다리가 있었어요. 수각류 중에서도 가장 새에 가까운 공룡으로 보고 있답니다. 하나 있는 발톱은 원래 3개였지만 다른 2개가 퇴화해서 너무 짧은 나머지 하나로만 보였다나 봐요. 모노니쿠스는 그 하나 있는 발톱이 더욱 진화(2개가 퇴화)한 종이에요. 앞다리의 날개도 거의 없는 거나 마찬가지였어요.

모노니쿠스
Mononykus

- **종류** 용반류/수각류
- **생존시대** 백악기 후기
- **전체 길이** 1m
- **살던 곳** 몽골, 중국
- **먹이** 육식성
- **이름의 뜻** 한 개의 발톱

히말라야의 수호신
키티파티

코 위에는 볏이 있다!

| 키티파티 |
| *Citipati* |

- ● 종류　　용반류/수각류
- ● 생존시대　백악기 후기
- ● 전체 길이　2.1m
- ● 살던 곳　　몽골
- ● 먹이　　　초식성
- ● 이름의 뜻　장례식의 주인

수컷이 알을 품었다!

앞다리는 날개로 되어 있음

키티파티는 수각류인 오비랍토르과이고, 코 위에 볏이 있으며 이 종 특유의 새 같은 날개가 있었어요. 백악기 후기의 공룡입니다. 크기는 성인보다 조금 작은 정도인 2.1m예요. 이 공룡이 발견된 곳은 고비사막입니다. 발견됐을 때 화석은 둥지에서 알을 품는 자세를 하고 있었어요. 접힌 뒷다리 사이와 몸 아래에 22개로 추정되는 알이 있었죠. 분명 알을 품는 사이에 모래폭풍을 만나 그대로 모래에 파묻혔겠죠. 키티파티는 화장용 장작을 지키는 히말라야의 수호신을 뜻해요.

알은 몸이 큰 수컷이 품었던 모양이에요. 그래서 이 공룡은 조류처럼 수컷과 암컷이 분업했을 것으로 보고 있답니다.

이때부터 수컷과 암컷이 분업을! 조류 같은 공룡

앞다리에는 날개, 꼬리에는 화려한 장식이 있는
카우딥테릭스

백악기 전기에 살았던 수각류 공룡이에요. 오비랍토르류이며 중국에서 발견되었답니다. 이름의 뜻은 꼬리 깃털. 이름처럼 꼬리 끝에는 화려한 장식이 있었어요. 이건 수컷이 암컷에게 매력을 발산하기 위한 장식용이었을 것으로 보입니다. 전체 길이는 1m. 다리는 길고 이족보행을 했으며 뒷다리가 꽤 빠르게 달렸을 것으로 추측하고 있어요.
앞다리에는 날개가 있었어요. 다만 몸에 비해 날개가 작아서 날 수는 없었을 듯해요. 날개 끝에는 발톱 3개가 달린 발가락이 있었어요.
광대뼈가 넓어서 새와는 생김새가 달랐답니다. 위턱에 있는 여러 개의 이빨로 식물을 먹었을 것으로 보여요. 위의 화석에서 식물을 소화시키는 '위석'이 발견되었어요.

카우딥테릭스
Caudipteryx

● 종류	용반류/수각류
● 생존시대	백악기 전기
● 전체 길이	1m
● 살던 곳	중국
● 먹이	초식성
● 이름의 뜻	꼬리 깃털

요란한 꼬리 장식은 암컷에게 어필하기 위한 것?!

거대한 오비랍토르과
기간토랍토르

티라노사우루스를 압박하는 키?!
좀 더 컸을 가능성도 있음

이름의 뜻은 거대한 약탈자. 자그마한 공룡이 많은 오비랍토르과 중에서는 가장 큰 공룡이에요. 전체 길이는 8m지만, 키가 5m나 되어 티라노사우루스 못지않았답니다. 게다가 발견된 화석은 아직 성장 중인 공룡이어서 좀 더 컸을 가능성도 있어요. 다만 몸집치고는 몸무게가 가벼웠다나 봐요. 수각류지만 부리가 있었고 이빨은 없었어요. 그래서 초식 공룡이었을 것으로 보고 있습니다. 오비랍토르와 마찬가지로 알을 품었을 것으로 보이며 아시아나 북아메리카에서 발견된 60cm에 달하는 커다란 알(마크로일롱가토올로리투스)은 기간토랍토르처럼 거대한 오비랍토르과의 알일 것으로 보여요.

기간토랍토르
Gigantoraptor

● 종류	용반류/수각류
● 생존시대	백악기 후기
● 전체 길이	8m
● 살던 곳	중국
● 먹이	초식성
● 이름의 뜻	거대한 약탈자

몸을 말고 잠든 채로 화석이 된
메이

크기는 오리 정도!

온몸에 깃털이 있었다!

둥글게 말아 몸을 덮혔다?!

다리를 접고 고개를 숙여 머리를 앞다리에 얹은 채 부리를 다리 사이에 끼우고 조용히 잠든 메이. 메이는 이런 상태로 발견되었어요. 소형 수각류의 공룡으로 트로오돈과이며 크기는 오리 정도밖에 안 됐답니다.

몸을 둥글게 말고 잠든 채로 화석이 된 메이의 모습은 현재의 조류가 쉬는 모습과 닮았어요. 몸을 둥글게 마는 것은 몸을 공기에 최대한 드러내지 않기 위해서예요. 공기에 노출되지 않으면 바깥이 추워도 체온이 떨어지지 않았어요. 그렇다면 이 메이는 몸이 따뜻한 공룡이었을 가능성이 있어요. 또 조류는 공룡이라는 학설의 증거가 되기도 합니다.

메이는 트로오돈과예요. 그래서 트로오돈 역시 몸이 따뜻한 공룡이었을 가능성이 있답니다.

이름도 '조용히 잠들었다'라는 뜻의 메이(Mei)!

메이
Mei

●종류	용반류/수각류
●생존시대	백악기 전기
●전체 길이	0.5m
●살던 곳	중국
●먹이	초식/육식성
●이름의 뜻	조용히 잠들었다

사물을 입체적으로 보는 눈을 지닌
트로오돈

잡식성이었을 것이라는 연구자도 있음

뇌가 큰 '가장 똑똑한 공룡'!

두 번째 발가락의 커다란 발톱으로 사냥감을 포획!

트로오돈은 몸의 크기치고는 뇌가 커서 그 비율로 보아 '가장 똑똑한 공룡'이었을 것으로 보여요. 앞을 바라보는 커다란 눈은 물건을 입체적으로 볼 수 있었다고 해요. 그래서 사냥감과의 거리를 정확하게 재고 포획할 수 있었답니다.

그리고 트로오돈의 뒷다리 두 번째 발가락에는 커다란 발톱이 있었어요. 큰 눈으로 점찍은 사냥감을 이 발톱으로 잡았겠죠. 트로오돈은 육식 공룡이었어요. 이빨은 몸에 비해 작지만 이빨 가장자리의 톱니는 비교적 컸고, 특히 뒤쪽 이빨이 더 크다는 점이 특징이었어요. 또 이빨의 특징이 이구아나와도 비슷했기에 식물도 먹는 잡식성이었을 것으로 보는 연구자도 있답니다.

커다란 눈으로 거리를 잘 잰 다음 사냥감을 덮쳤다!

트로오돈
Troodon

● 종류	용반류/수각류
● 생존시대	백악기 후기
● 전체 길이	2m
● 살던 곳	미국, 캐나다
● 먹이	육식성
● 이름의 뜻	상처 입히는 이빨

집단으로 대형 초식 공룡을 덮쳤다?!
데이노니쿠스

지능이 높고, 테논토사우루스를 덮쳤다?!

데이노니쿠스
Deinonychus

- 종류　　용반류/수각류
- 생존시대　백악기 전기
- 전체 길이　3.4m
- 살던 곳　미국
- 먹이　　육식성
- 이름의 뜻　무서운 발톱

꼬리가 단단하며 꼿꼿하게 서 있었다!

평소에는 들고 있었던 날카로운 발톱!

백악기 전기의 육식 공룡 드로마에오사우루스과예요. 지능이 높아서 집단으로 사냥을 했을 것으로 보는 학자도 있답니다.

눈이 크고 몸은 깃털로 덮여 있었다나 봐요. 사냥감을 덮칠 때 썼던 가장 큰 무기는 뒷다리에 있는 13cm짜리 발톱. 전체 길이가 3.4m 정도였으니까 꽤 커다란 발톱이었죠. 이 발톱을 사냥감에게 꽂아 넣고 회전시켜 살을 파고들었답니다. 그리고 살을 찢어내는 거죠. 사냥감은 많은 피를 흘리고 쓰러지거나 혹은 산 채로 잡아먹혔을 거예요.

이 발톱은 평소에는 땅에 닿지 않도록 위로 들고 있었답니다. 사냥감을 덮칠 때 날카로움을 유지하고 있어야 하기 때문이에요. 그리고 위로 꼿꼿하게 세운 꼬리로 중심을 잡으며 사냥감을 추격했어요.

날카로운 발톱을 사냥감에게 꽂고 회전시켜 살을 파고들었다

짧은 깃털로 뒤덮인 몸
아킬로바토르

발톱을 사용하기 위해 발달한 아킬레스건

전체 길이가 6m인 거대한 드로마에오사우루스과

커다란 발톱!

짧은 깃털로 덮인 몸이 꽤 커서, 드로마에오사우루스과 중에서는 가장 컸어요. 전체 길이가 6m나 되었답니다. 백악기 전기에는 미국 유타주에서 발견된 유타랍토르라는 전체 길이가 7m인 드로마에오사우루스과가 있지만, 백악기 후기에 살던 같은 과 중에서는 가장 커요.

애초에 드로마에오사우루스과는 드로마에오사우루스가 1.8m 정도로 별로 크지 않았고, 하늘을 날 수 있었다던 미크로랍토르는 80cm 정도밖에 안 됐어요.

이 아킬로바토르의 뒷다리에는 커다란 발톱이 있었고 이걸로 사냥감을 잡았다나 봐요. 이름의 유래가 된 아킬레스건은 이 발톱을 지탱하기 위해 발달한 것으로 보고 있어요.

발달된 아킬레스건!

아킬로바토르
Achillobator

●종류	용반류/수각류
●생존시대	백악기 후기
●전체 길이	6m
●살던 곳	몽골
●먹이	육식성
●이름의 뜻	아킬레우스(그리스 신화의 등장인물 이름)의 영웅

가벼운 몸을 이용해 사냥감을 쓰러뜨렸던
벨로키랍토르

벨로키랍토르의 전체 길이는 1.8m 정도로 작은데 얼굴도 가늘고 길어서 전체적으로 몸무게가 가벼웠어요. 그래서 날렵한 움직임으로 사냥감을 덮쳤답니다.

1971년 몽골 남중앙부에서 발견된 화석이 있어요. 바로 이 벨로키랍토르가 초식 공룡인 원시 각룡 프로토케라톱스를 사냥하는 순간의 화석이었죠. 벨로키랍토르가 프로토케라톱스의 프릴을 잡고 뒷다리의 발톱을 목에 찔러 넣은 상태였어요.

그럼 이런 화석이 어떻게 생겼을까요. 모래폭풍에 휩쓸렸을 수도 있고 모래 언덕이 무너져 파묻혔을 수도 있고 동시에 죽었을 수도 있고, 그건 아직 정확히 알려지지 않았어요. 그러나 이 화석 덕분에 벨로키랍토르가 어떻게 사냥감을 잡았는지 밝혀졌답니다.

화석으로 남은 벨로키랍토르 대 프로토케라톱스의 사투

벨로키랍토르
Velociraptor

- ● 종류   용반류/수각류
- ● 생존시대   백악기 후기
- ● 전체 길이   1.8m
- ● 살던 곳   몽골, 중국
- ● 먹이   육식성
- ● 이름의 뜻   날쌘 약탈자

드로마에오사우루스과지만 네 다리에 날개깃(날개)이 있어서 날 수 있었을 듯합니다. 새와 다른 건 새는 날개가 앞에만 있고 뒷다리에는 없죠. 그래서 새처럼 앞날개를 퍼덕이는 것이 아니라 나무에서 나무로, 슬라이더처럼 날개를 펼쳐 하늘을 누볐던 모양이에요. 이 미크로랍토르의 크기는 80cm 정도로 작은 공룡에 속해요. 발견된 곳은 중국의 랴오닝이고 백악기 전기에 살았어요. 이 미크로랍토르는 검은색이었다나 봐요. 어떻게 알았냐고요? 300개가 넘는 화석이 발견되었는데, 그걸 분석한 결과 깃털 색이 검은색이었다는 게 밝혀졌어요. 다만 비단벌레의 날개처럼 광택이 돌아서 빛을 반사해 무지갯빛을 냈을 것으로 보고 있답니다.

날개깃으로 글라이더처럼 하늘을 누빈 공룡

양쪽 팔다리의 날개를 펼쳐 하늘을 누볐다?!

미크로랍토르
Microraptor

- **종류** 용반류/수각류
- **생존시대** 백악기 전기
- **전체 길이** 0.8m
- **살던 곳** 중국
- **먹이** 육식성
- **이름의 뜻** 작은 약탈자

가장 먼저 색이 알려진 공룡
안키오르니스

머리의 깃털이 볏이 되었다!

뺨에 붉은 반점이 있었다!

하늘을 날았을 가능성도 있다!

볏은 붉은색, 몸은 어두운 회색, 날개는 흰 바탕에 검은 무늬가! 온몸의 색이 밝혀졌다!

안키오르니스는 쥐라기 후기에 살았던 원시 조류에 가까운 아주 작은 공룡이에요. 잘 보존된 화석이 남아 있어 어떤 색이었는지 알 수 있었어요.

멜라닌 색소가 있는 세포 분포를 연구해 온몸의 색을 거의 밝혀냈어요. 볏의 색은 붉었어요. 몸은 어두운 회색이고 날개는 흰색이며 검은 무늬가 있었답니다.

안키오르니스는 하늘을 날았다는 시조새보다 더 오래된 지층에서 발견되었어요. 온몸이 깃털로 덮인 소형 공룡이며 머리의 볏도 깃털이었어요. 처음에는 트로오돈류일 것으로 봤지만, 시조새에 가깝다는 설도 유력해요. 또 안키오르니스에게는 날개가 있었어요. 그걸로 부력을 얻어 하늘을 날았을 가능성이 있답니다.

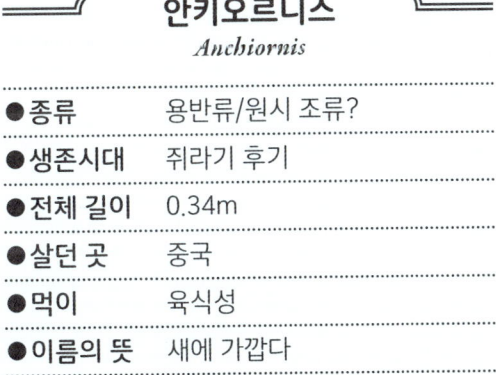

안키오르니스
Anchiornis

● 종류	용반류/원시 조류?
● 생존시대	쥐라기 후기
● 전체 길이	0.34m
● 살던 곳	중국
● 먹이	육식성
● 이름의 뜻	새에 가깝다

공룡과 조류를 잇는 다리
시조새

1861년, 독일의 졸른호펜에서 첫 화석이 발견되었어요. 골격은 소형 수각류와 비슷했지만 날개가 있다는 게 밝혀졌죠.
날개 색은 검은색이었다나 봐요. 그 후 연구를 통해 날개는 앞다리뿐만 아니라 뒷다리에도 있었다는 게 밝혀졌어요. 시조새가 날았다는 걸 어떻게 알 수 있었을까요? 그건 몸의 균형을 잡는 반고리관이 현재의 조류와 같아서 위아래로 균형을 잘 잡을 수 있었기 때문이에요. 다만 날개축이 약해서 날개에 힘이 없기 때문에 날개를 움직이지 않고 날기만 했을 것이라는 설도 있답니다.
이 시조새는 원시 조류지만 현재 조류의 직접적인 선조는 아니라는 것이 연구 결과로 밝혀졌어요. 그렇지만 공룡과 조류를 이어줬다고 할 수 있는 공룡이에요.

꼬리가 길며,
전체 몸길이는 50cm

시조새
Archaeopteryx

- **종류**: 용반류/원시 조류?
- **생존시대**: 쥐라기 후기
- **전체 길이**: 0.5m
- **살던 곳**: 독일
- **먹이**: 육식성
- **이름의 뜻**: 고대의 날개

공룡의 멸종

무시무시한 진화를 이룬 공룡 친구들과의 만남은 여기까지예요. 마지막으로 공룡의 멸종에 관해 설명할게요. 백악기 말, 그러니까 지금으로부터 6,600만 년 전 갑자기 공룡이 지구에서 모습을 감췄답니다. 대체 무슨 일이 벌어진 걸까요.
가장 유력한 설은 운석 충돌이에요. 지름이 10km에 달하는 거대한 운석이 멕시코의 유카탄 반도에 충돌했어요. 그 위력만 해도 몇천 개의 핵폭탄이 떨어진 급이라서 지름 160km에 걸쳐 크레이터(구멍)가 생기고 반경 1,000km에 걸쳐 지구상의 많은 생물을 파괴했답니다.
파괴된 것은 순식간에 증발했고 독가스 구름과 먼지가 되어 지구를 덮쳤죠. 태양빛이 차단되면서 세상은 암흑으로 뒤덮였어요. 신선한 공기는 강한 독성을 띤 공기로 변했죠. 충돌 때문에 거대한 지진까지 발생했고 지구상의 해안은 거대한 대홍수에 휩쓸렸어요.
이로 인해 1m 이상의 크기를 가진 동물은 거의 숨을 거뒀어요. 마찬가지로 공룡 역시 멸종했겠죠. 그리고 지구상에 있는 공룡이 사라진 거예요.
이게 운석으로 인한 공룡 멸종설이에요. 현재로서는 이게 가장 유력한 공룡 멸종설이랍니다. 실제로 멕시코의 유카탄 반도에는 거대한 크레이터가 남아 있어요.
이렇게 무서운 환경에서도 살아남은 동물이 있었어요. 바로 포유류예요. 그리고 이어서 지구상의 정복자, 인류가 등장합니다.
하지만 잠시만요. 공룡은 완전히 멸종했을까요?
사실 공룡은 지금도 살아 있답니다. 공룡은 조류로 진화해 현재도 우리 주변에서 살고 있어요. 까마귀도 공룡, 앵무새도 공룡, 또 닭도 공룡이에요. 날갯죽지는 공룡의 앞다리, 모래주머니는 공룡의 위, 그리고 우리가 즐겨 먹는 달걀부침은 공룡의 알인 셈이죠.
이 책에서 소개한 공룡은 새로 진화하지 못한 '안타까운 공룡들'이고, 그렇지 않은 공룡들은 새로 모습을 바꿔 운석 충돌이라는 위기를 뛰어넘어 우리 인간과 함께 살아가고 있답니다.

너무 진화한 공룡 도감

초판 1쇄 인쇄 2020년 5월 11일
초판 1쇄 발행 2020년 5월 25일

지은이 고바야시 요시쓰구
옮긴이 고나현
발행인 박효상
편집장 김현
기획·편집 배수현, 김준하, 김설아
표지, 내지 디자인·조판 신미경
마케팅 이태호, 이전희
관리 김태옥

종이 월드페이퍼 인쇄·제본 현문자현
출판등록 제10-1835호
발행처 사람in
주소 04034 서울시 마포구 양화로 11길 14-10 (서교동) 3F
전화 02) 338-3555(代) 팩스 02) 338-3545
E-mail saramin@netsgo.com
Website www.saramin.com

:: 책값은 뒤표지에 있습니다.
:: 파본은 바꾸어 드립니다.

ISBN 978-89-6049-841-9 74490
     978-89-6049-840-2 (set)

우아한 지적만보, 기민한 실사구시 사람in

	어린이제품안전특별법에 의한 제품표시	
	제조자명 사람in	전화번호 02-338-3555
	제조국명 대한민국	주 소 서울시 마포구 양화로
	사용연령 5세 이상 어린이 제품	11길 14-10 3층